AF113537

Les morts les plus improbables, stupides et/ou saugrenues de l'Histoire

Miguel S. Ruiz

Les morts les plus improbables, stupides et/ou saugrenues de l'Histoire

*"La mort (n')est (qu')un manque
de savoir-vivre."
(A. Allais)*

*"Quel dommage qu'il faille passer par la mort
pour pouvoir accéder à l'immortalité !"
(MsR)*

Table des matières

1 – *Antiquité*   11

2 – *Moyen Âge*   23

3 – *Renaissance*   31

4 – *17-18ème siècles*   37

5 – *19ème siècle*   47

6 – *20-21 siècles*   57

7 – *Bonus : inconnus et anonymes*   111

8 – *Index*   127

Antiquité

Absalom (Xème siècle av. J.-C.)

Fils du roi David, réputé pour être le plus bel homme du pays d'Israël, Absalom estime être destiné à succéder à son père, mais pense que que le roi va lui en préférer un autre. Une bataille se tient alors dans la « forêt d'Éphraïm » (une localité peut-être située à l'est du Jourdain), où l'armée d'Absalom est finalement mise en déroute, lui-même, en fuyant, se prenant les cheveux (qu'il portait longs) dans les branches d'un térébinthe… David ayant ordonné à ses hommes de faire preuve de mansuétude envers celui qui était maintenant son fils aîné, Joab, général du roi, mû par des sentiments moins mesurés, décida lui de transpercer Absalom de son épée, celui-ci finissant littéralement embroché tandis qu'il se débattait dans le piège feuillu (Absalom, pas Joab). En dépit de la victoire finale, on dit que le roi fut consumé de chagrin – ce que c'est que l'amour paternel, tout de même...

Zaleucos (653 – ? av. J.-C.)   Voir Charondas.

Dracon (VIIème siècle av. J.-C.)
On ne connaît rien de la vie et de la carrière du législateur athénien Dracon, sinon qu'il était particulièrement rigoureux et sévère – de lui ne nous vient-il pas le terme « draconien » ? Par contre, sa mort, très curieuse, est elle bien racontée dans la tradition biographique. Ainsi, la Souda (encyclopédie grecque du Xème siècle) rapporte que Dracon fut un jour invité à Égine et que, là, les habitants étaient si heureux de le recevoir qu'ils le couvrirent de manteaux et de coussins, en si grande quantité... qu'il en mourut étouffé ! Vengeance masquée en marque d'affection, en représailles de ses lois particulièrement dures ?

Arrhichion de Phigalie (? – 564 av. J.-C.)
Pris par un étranglement pendant la finale olympique de pancrace (sport de combat à mi-chemin entre la boxe et la lutte), l'athlète Arrhichion de Phigalie réussit à déboîter le pied de son adversaire, le forçant ainsi à l'abandon. Mais l'étranglement lui a brisé la nuque dans leur chute commune. L'adversaire ayant concédé la défaite, c'est donc le... cadavre d'Arrhichion qui est couronné vainqueur olympique.

Milon de Crotone (VIème siècle av. J.-C.)
Selon certaines sources, Milon de Crotone, athlète grec connu pour sa force prodigieuse, aurait voulu tester

celle-ci en achevant de fendre un arbre ouvert en deux. Mais il aurait présumé de ses forces et ses mains seraient restées coincées dans le tronc. Immobilisé, incapable de se défendre, l'homme-hache finit sa carrière sportive dévoré par loups et autres bêtes sauvages.

Héraclite (v. 544 – v. 480 av. J.-C.)
Le célèbre philosophe grec, concepteur d'une théorie du feu comme principe fondamental de toutes choses, souffrait... d'hydropisie (soit d'un excès d'eau dans l'organisme). On rapporte que, pour se soigner, il ordonna un jour qu'on le couvrit de… fumier. Ce remède, dont il s'était entiché, l'exténua à un point tel qu'il en mourut, l'ordure l'ayant littéralement étouffé après qu'elle eut séché sur lui. Cependant, l'historien (presque) contemporain Néanthe de Cyzique prétend que, n'ayant pu se sortir de dessous le fumier, on le laissa là, et qu'il fut mangé par des chiens qui passaient… Pas sûr qu'il aurait préféré la deuxième option.

Charondas (? – 476 av. J.-C.)
Philosophe et législateur grec, il se donne la mort après avoir violé l'une des lois qu'il avait promulguées : pour éviter les violences lors des débats publics, il avait en effet fait proclamer que quiconque porterait une arme sur l'agora serait puni de mort… Un peu plus tard, s'y présentant armé par inadvertance, il s'applique à lui-même la sanction prévue. De la cohérence en politique...

La véracité de cet événement est toutefois sujette à caution puisqu'il a également été attribué à d'autres, en particulier à un autre législateur de l'Antiquité, Zaleucos.

Anacréon (v. 550 – v. 464 av J.-C.)
Poète lyrique grec mort à l'âge de 85 ans, à Téos, et qui, selon la tradition, se serait étouffé avec un... raisin sec. Malgré cette mort peu épique, son « collègue » le poète Simonide de Céos lui dédia deux épitaphes, Athènes érigeant ensuite sa statue sur l'Acropole et gravant ses portraits sur les pièces de monnaie.

Eschyle (v. 525 – 456 av. J.-C.)
Invité par le roi-tyran de Syracuse, le célèbre tragédien grec Eschyle s'empresse fissa de se rendre en Sicile. L'auteur des *Perses* et de *L'Orestie* en profite pour effectuer de longues marches dans la campagne... Un jour, un rapace rôde au-dessus de lui – probablement un gypaète barbu qui cherche une pierre pour briser la tortue qu'il porte dans ses serres et dont il veut se délecter. Berné par le crâne chauve du poète, le stupide volatile laisse alors tomber l'animal sur lui, brisant ainsi l'auguste tête du tragédien... et la tortue susdite. B. Fuligni, B. Léandri et F. Chef se repaîtront de l'anecdote et en feront, 2500 ans plus tard, le titre d'un livre (*La Tortue d'Eschyle* – éd. Les Arènes, 2012), ouvrage qui a inspiré l'auteur de celui que vous tenez entre vos mains, cher lecteur.

Euripide (483–406 av. J.-C.)
La mort d'Euripide est entourée de légendes. Tout comme sa vie, dont on ne sait pratiquement rien, si ce n'est qu'il serait né dans la glorieuse cité de Salamine (celle de la célèbre bataille entre Grecs et Perses, trois ans avant la naissance du dramaturge), et qu'il écrivit plus de cent pièces. Selon une triple tradition, il aurait péri soit 1) frappé par la rudesse de l'hiver macédonien, soit 2) déchiré par des chiens, qui lui voulaient sans doute quelque chose, soit 3) lynché par une horde de femmes en furie, qui lui voulaient sûrement quelque chose aussi. À vous de choisir.

Zeuxis (464–398 av. J.-C.) : Mort de rire (I)
Artiste grec dont rien ne subsiste de l'œuvre, il était de son temps considéré comme l'un des plus fameux portraitistes de l'Antiquité. Maître du trompe-l'œil et peintre de caractères, il serait mort d'une crise de fou rire (en faisant le portrait d'une vieille dame). On ne sait si la grand-mère en prit ombrage ou si elle fut sincèrement peinée de la mort du peintre.

Pyrrhus (v. 319 – 272 av. J.-C.)
Roi d'Épire et lointain cousin d'Alexandre le Grand, Pyrrhus Ier meurt, durant une de ses (multiples) expéditions militaires. Selon certains récits historiques, il aurait été frappé par un morceau de charpente lancé par une vieille dame depuis sa fenêtre, dans la cité d'Argos.

La vénérable Argienne ayant vu son fils combattant le roi envahisseur, en contrebas ; la fatale tuile fut lancée. Pyrrhus, désorienté par le choc, divagua quelque temps, fut à nouveau attaqué par un autre soldat du camp adverse, puis achevé. Défaite à la Pyrrhus ?... Quelle tuile, fallait pas toucher au fiston !

Chrysippe (v. 280 – v. 207 av. J.-C.) : Mort de rire (II)
Philosophe stoïcien un brin austère, Chrysippe de Soles meurt plein de contradictions : au cours d'un banquet auquel il est invité, apercevant un âne qui mange des figues, il dit à la vieille femme propriétaire de l'animal: « Donne-lui donc un peu de vin pour faire passer les figues » Puis content de sa saillie – il s'agissait vraisemblablement d'un jeu de mots entre âne (ὄνος) et vin (οἶνος) – il s'étouffe de... rire. (Cette version de sa mort n'est pas forcément la plus probable : il aurait également pu mourir d'avoir bu du vin non coupé d'eau, d'après certaines... sources – ha, ha, très drôle vraiment, NdE –, à l'occasion d'un sacrifice où un de ses élèves l'aurait invité.)

Mithridate (135 ? – 63 av. J.-C.) : Le suicidé opiniâtre (I)
Le roi Mithridate VI Eupator, un candidat au suicide, euh, obstiné... Après avoir assisté au couronnement de Pharnace, son ingrat de fils qui vient de le renverser, il s'empare de son glaive, tente sans succès de s'empaler avec, demande l'aide de son garde du corps qui échoue à

son tour, et finit… tué par les sbires de son rejeton. Ben oui, suffisait de demander au fiston ! Auparavant, il avait aussi essayé d'en finir en avalant une dose de poison mortelle, mais son corps y avait déjà été habitué. Eh oui, celui qui est à l'origine du terme de mithridatisation (le fait d'ingérer un produit toxique afin d'obtenir une immunisation vis-à-vis de celui-ci) aurait dû s'en douter...

<u>Crassus</u> (Marcus Licinius, 115–53 av. J.-C.)
L'historien Dion Cassius a relaté avec réserve l'épisode de la mort du consul romain Marcus Crassus, réputé pour son avidité. L'anecdote, quoiqu'un peu douteuse, fut néanmoins reprise au cours des âges : le stratège Crassus ayant été vaincu par le général parthe Suréna. pour moquer l'avidité légendaire de son prisonnier, Suréna lui fit alors couler de l'or en fusion dans la bouche, lui disant : « Rassasie-toi donc de ce métal dont tu es si avide ». Puis, tranquillement, le général lui fit trancher la tête et une main (bah, et pourquoi pas les deux ?? – NdE) et envoya le tout comme trophées à son roi, Orodès II. (Selon une autre version, Crassus serait en fait mort au combat, un peu à l'image de son presque homonyme de fils, qui lui se suicida pour ne pas tomber aux mains de l'ennemi.) La première version est autrement plus burlesque, non ?

Porcie (v. 70 – 42 av. J.-C.)
Fille du sénateur romain Caton d'Utique, Porcie se tue volontairement, en avalant des... charbons ardents, alors qu'elle vient d'apprendre la mort de son mari, Brutus (l'assassin de Jules César). Cependant, les historiens modernes ne valident pas tous cette version : beaucoup pensent qu'elle aurait plutôt fait brûler du charbon dans une pièce fermée, et succombé à une banale asphyxie au monoxyde de carbone. Ce qui est certainement une mort moins gore, mais n'empêche pas l'épouse éplorée de rentrer au panthéon des suicidés les plus célèbres.

Claudius Drusus (? – 27 ap. J.-C.)
Manger, un acte certes nécessaire à la vie, mais qui peut entraîner la mort aussi... Au Ier siècle de notre ère, le jeune Claudius Drusus meurt à Pompéi, s'étouffant avec une poire qu'il avait lancée en l'air et tenté de rattraper par la bouche. Voilà ce qui arrive quand on joue avec la nourriture, aurait pu lui dire son (futur) empereur de papa (de son prénom, Claude, lui aussi)... Certains historiens sceptiques y ont plutôt vu un assassinat lié au pouvoir romain, mais Suétone, lui, opte plutôt pour la drolatique anecdote. (Et non non, cette édifiante histoire n'est pas non plus à l'origine de l'expression « se fendre la poire »...)

Apicius (Marcus Gavius, 25 av. J.-C. – 37 ap. J.-C.)
Riche citoyen romain amateur des plaisirs de la table,

épicurien sybarite (trop) habitué au luxe, ce cher Marcus décide un jour de mettre fin aux siens en ingérant un breuvage mortel. Il faut dire qu'il venait d'apprendre que sa fortune était tombée de deux-cent à dix millions de sesterces – dix millions, l'indigence quoi… Sa vie de luxe et de luxure, son raffinement culinaire (il a donné son nom au « Canard Apicius » créé en 1985 par Alain Senderens), était l'exemple même de la corruption des mœurs, pour les moralistes austères de son temps.

Pline l'Ancien (23–79)
Naturaliste romain et figure de son temps au savoir encyclopédique – 37 volumes pour son *Histoire Naturelle*, tout de même –, il meurt d'un excès de curiosité, lors de l'éruption du Vésuve d'août 79. Voulant observer le phénomène au plus près et porter secours à quelques-uns de ses amis en difficulté sur les plages de la baie de Naples, il part avec quelques galères en direction de Stabies… où il succombe, probablement étouffé dans cette catastrophe qui détruisit Pompéi et sa région. On retrouva son corps intact sous les cendres, sur le rivage d'une plage dont il trouvait que c'était l'endroit idéal pour assister au spectacle... (*Dixit* une source sûre, puisque familiale : son neveu Pline Le Jeune.)

Diogène Laërce (IIIème siècle)
Poète, doxographe (compilateur de textes anciens) et

biographe de l'antiquité tardive, cet auteur assez mystérieux – on ne sait trop quand exactement il est né, ni quand il est mort – s'est aussi illustré par un décès particulièrement étonnant, jugez plutôt : unique cas connu de suicide par asphyxie volontaire – autrement dit le poète s'est arrêté de respirer ''volontairement, de lui-même'' (« parce qu'il voulait se soustraire au temps qu'il lui restait à vivre »)... Trop fort, le Diogène.

Saint Macaire (? – v. 391)
Cet ancien chamelier devenu abbé du monastère de Scété en Égypte, enseignait – à la suite de saint Antoine – à mourir au monde, à soi-même, bref à vivre pour Dieu seul... La *Légende dorée* (ouvrage du Moyen Âge racontant la vie des saints de l'Église) rapporte qu'ayant un jour tué une puce qui l'avait piqué, il demeura nu dans le désert pendant six mois, afin d'expier de s'être ainsi vengé d'elle... À tel point qu'il en mourut. Un saint que n'auraient certes pas renié la SPA, Brigitte Bardot et sa fondation.

Attila (v. 395 – 453)
Roi des Huns, celui qui parvint à soumettre tellement de peuples qu'il était surnommé en son temps le « Fléau de Dieu », et dont on disait qu'après son passage « la terre ne repoussait plus », mourut brutalement, non pas sur un champ de bataille, mais... dans son lit. Tranquillement ? Que nenni : étouffé dans son sommeil (par un saigne-

ment de nez), après une nuit de noces qu'on imagine particulièrement agitée... Au petit matin, sa dernière épouse et partenaire d'un soir, la germaine Ildico, gisait éplorée à ses côtés – la dernière en effet... Il se dit aussi qu'Ildico serait en fait plus que responsable de sa mort, dans le sens où elle l'aurait provoquée d'une manière plus brutale et « volontaire » – un assassinat pure et simple, quoi ! Mais bon, vous savez comme les gens – et les historiens – sont médisants...

Moyen Âge

Brunehaut (543-613)
Pousse-toi d'là que j'm'y mette… Conflit royal : en 613, Clotaire II fait supplicier la reine mérovingienne Brunehaut, durant trois jours, la livrant aux exactions de son armée. Attachée à des chevaux par les cheveux (ah oui, excellent, excellent – NdE), un bras et une jambe à la queue d'un équidé indompté, son corps est brisé et ensuite brûlé. L'« incongruité » de cette mort est qu'il s'agissait autant d'une exécution que d'une mise à l'épreuve de la nature royale de Brunehaut : celle-ci avait normalement le commandement, au nom de Dieu, sur la nature et les animaux ; et le cheval n'en ayant pas tenu pas compte, il prouvait à tous que Dieu avait retiré son soutien à la reine. L'ordalie aidant, le royaume revenait bien à Clotaire… Lequel était donc – CQFD – dans son bon droit.

Étienne II (?-752)
En mars 752, Étienne, prêtre du clergé, est élu évêque de Rome, pour succéder à Zacharie. C'est son heure gloire et l'apex de sa carrière ecclésiastique. Oui, mais le hic c'est qu'il meurt trois jours plus tard, d'une apoplexie

foudroyante – et sans avoir eu le temps d'être officiellement consacré. Le pape étant par définition évêque de Rome, il n'était considéré légitime qu'au jour de sa consécration, soit quatre jours après son « élection » ; Étienne ne fut donc pas considéré comme un pape légitime et oublié du *Liber pontificalis*. Pape entre deux eaux qui rata le coche à un jour près, son successeur immédiat, prénommé également Étienne, fut un temps nommé Étienne III… jusqu'à ce qu'on mette définitivement son prédécesseur au placard et que le II remplace le III. Étienne II, le double pape !

Al-Jâhiz (776-869)
Érudit arabe, connu sous le sobriquet de « al-Jâhiz », soit « l'Exorbité » (dû à une malformation des cornets, il avait les yeux particulièrement globuleux), il naît à Basra dans l'Irak actuel, et meurt à l'âge respectable de 93 ans. Une légende dit que Abu Uthmân Amr Ibn Bahr Ibn Mahbûb al-Kinâni al-Fuqaymî al-Basrî (son vrai nom) serait mort écrasé sous les livres de sa bibliothèque. Un intellectuel imprudent, quoi... Les recherches historiques semblent elles plutôt indiquer un décès par hémiplégie – ce qui est certes une mort bien moins saugrenue.

Louis III de France (863-882)
Ce n'est pas parce qu'on est roi qu'il ne faut pas baisser la tête. N'est-ce pas Louis III ?, toi l'arrière-arrière-petit-fils de Charlemagne qui un jour heurta un linteau de

porte placé trop bas, et te fracassa le crâne... Il faut dire que, dans la fougue de sa jeunesse, le roi coureur courait après une jeune fille qui osait résister à ses avances. Ah, la malédiction du linteau dans la royauté française, demandez donc à Charles VIII, près de sept siècles plus tard...

Theinhko (v. 919 – v. 956)
Après s'être égaré pendant une partie de chasse, Theinhko, souverain birman du haut Moyen Âge, fut tué par un fermier auquel il avait volé, mort de faim (le souverain, pas le paysan), un... concombre. Fin grotesque certes – mais suite qui l'est plus encore : par peur du scandale et du désordre, l'épouse de Theinhko introduisit le meurtrier au palais... et le revêtit des habits du roi défunt. Il fut ainsi proclamé souverain sous le nom de Nyaung-U-Sawrahan, autrement dit « le roi concombre » ! Le paysan régicide régna pendant huit ans, jusqu'en 964.

Philippe de France (1116-1131)
Fils aîné et héritier royal de Louis VI, ce 31 octobre de l'an de grâce 1131, le jeune Philippe parade dans Paris, tout à la splendeur de son règne à venir. Un cochon, effrayé par le royal charivari, se rue alors sur la monture du prince, laquelle s'effraye à son tour, se cabre et s'écrase sur l'impétrant jouvenceau... À quelque chose malheur est bon : depuis cette date, il est interdit de

laisser cochons, porcs et autres marcassins en liberté dans les rues de la capitale.

<u>Adrien IV</u> (v. 1100-1159)
Nicolas Breakspeare – né à Abbots Langley (Angleterre) et mort à Agnani, Italie – est le 169ème pape de l'Église catholique. Connu sous le nom d'Adrien IV (depuis 1154), il est le seul pontife d'origine anglaise. Sa mort, le 1er septembre 1159, serait due à une piqûre de moustique... ou – autre version – à l'ingurgitation d'une mouche qui barbotait dans son verre de vin, on ne sait trop... La faute à un insecte, de toute façon.

<u>Barberousse</u> (Frédéric Ier de Hohenstaufen, 1122-1190)
Le célèbre empereur germanique, « roi des Romains », se noie accidentellement dans le fleuve Göksu Nehri (actuelle Turquie), au cours de la Troisième Croisade. Allié des rois d'Angleterre et de France, l'autre empereur à la barbe caractéristique est en route pour la Terre Sainte... Pendant une pause – on ne sait s'il chute de son cheval ou s'il a décidé de se rafraîchir dans le cours d'eau –, le fait est que l'hydrocution provoquée par le choc thermique (nous sommes au mois d'août) et la lourdeur de l'armure royale vont provoquer sa noyade. Une fin bien peu glorieuse pour celui qui était en route vers le terrible Saladin, son « équivalent » oriental, qu'il s'apprêtait à défier.

Enguerrand III de Coucy (1182-1242)
Dit « le Bâtisseur », ce seigneur symbolise la lutte opiniâtre des grands féodaux face au pouvoir royal. Il avait auparavant bien servi Philippe Auguste (bataille de Bouvines, croisade des Albigeois), mais entendait dorénavant, à partir de la régence de Blanche de Castille, imposer son hégémonie. Peine perdue, il se tue bêtement à l'âge de 60 ans, en tombant de cheval alors qu'il traversait un gué. Illustration à la lettre du proverbe biblique (« Qui a vécu par l'épée, etc... »), sa propre arme sortie de son fourreau dans la chute l'a littéralement empalé... Et voilà, c'en est fini des rêves de grandeur d'Enguerrand.

Jean XXI (v. 1215-1277)
Unique pape portugais de l'histoire, bizarrement surnommé « Jean d'Espagne », Jean XXI meurt écrasé, victime de l'effondrement d'un plancher (ou d'un plafond on ne sait trop) dans la future cathédrale de Viterbe. On dit que c'est sa passion des livres qui causa l'effondrement ; le palais en question étant en cours de construction, il fut fragilisé par les tonnes de documents que Jean avait accumulé dans son cabinet. Autre anecdote cocasse : Jean XXI est le seul souverain pontife « mal numéroté » : en effet il n existe pas de prédécesseur du même nom avec le numéro XX, on est passé directement de XIX à XXI... Étonnant, non ?
(Voir, dans le même genre d'incongruité, Étienne II.)

Du Guesclin (Bertrand, 1320-1380)
« Fais attention avec le soleil », « Mouille-toi avant d'entrer dans l'eau »… Nous avons tous un jour ou l'autre reçu ces conseils, afin d'éviter le choc thermique d'une hydrocution. On ne peut apparemment pas en dire autant du connétable Du Guesclin qui, après avoir affronté moult dangers sur les champs de bataille, mourut bêtement, d'avoir bu trop d'eau glacée après une journée passée en plein soleil. Une pneumonie et une dysenterie eurent raison du « dogue noir de Brocéliande », cet ancien chef de bande hors-la-loi à qui on avait refusé la carrière militaire (1m50 sous la toise…) et qui était devenu une des gloires militaires du royaume. L'histoire édifiante, connue depuis – Napoléon, Nicolas Sarkozy, etc. –, celle d'un tout petit grand homme.

Martin Ier d'Aragon (1356-1410) : Mort de rire (III)
Roi d'Aragon, de Valence, de Majorque et de Sardaigne, comte de Barcelone, du Roussillon et de Cerdagne – n'en jetez plus… Ce souverain, dit « l'Humain » ou « le Vieux », meurt en 1410, mais pas vraiment de sa belle mort puisqu'il n'avait que 54 ans (ceci dit, à l'époque cet âge était considéré comme celui d'un vieillard…) Une chronique drolatique de son décès soutiendrait qu'il serait passé de l'autre côté suite à une indigestion combinée à un rire incontrôlable… Osons donc la saillie nietzschéenne (issue de son livre éponyme), et acquies-

çons au premier surnom du roi Martin : « Humain, trop humain » !

Paul II (1417-1471)
Précurseur de Maximilien Ier de Habsbourg, ce souverain pontife trépasse d'une crise cardiaque causée par une indigestion, provoquée elle-même par une ingestion excessive de melons ! Ou, deuxième option, dans les bras d'un jeune éphèbe de sa suite (version moins officielle celle-là et, dans ce cas, devancière de celle du président de la République Félix Faure, nonobstant le sexe du partenaire...)

Clarence (George, duc de, 1449-1478)
Condamné à mort pour sorcellerie et complot contre le roi Édouard IV, par faveur royale due à son rang (il était issu de la prestigieuse lignée des Plantagenêt), Georgie put choisir d'être exécuté par noyade… dans une barrique de vin de Malvoisie. On ne sait trop si l'anecdote est apocryphe, mais le fait est que sur son corps exhumé plus tard, on ne retrouva aucune trace de décapitation (le mode d'exécution en vigueur à l'époque outre-Manche). Un fait indéniable, en tout cas : toute sa vie, le duc eut une réputation de très très grand buveur...

Denis (Le bourreau, ?-1488)
Exécuteur des hautes œuvres de son temps, Denis est tué par une foule en délire, du fait de son incompétence (celle de Denis, pas de la foule...), dans la bonne ville de

Tours. Ce 11 février 1488, chargé d'exécuter un faux-monnayeur mais s'acquittant tellement mal de sa tâche, le public prend en pitié le condamné qui souffre le martyre, enjoint le bourreau à écourter la séance et, devant la torture qui continue, prend à partie Denis. Il le roue de coups, s'acharne sur lui encore et encore, jusqu'à l'occire sur place, à la place donc du brave faux-monnayeur qui, pour sa/la peine, sera lui finalement sauvé de l'ébouillantement... Ainsi que les tueurs compatissants de la foule, amoureux du travail bien fait, et qui furent eux aussi graciés par le bon roi Charles VIII. (Lequel Charles – ouf – mourra aussi d'une manière bien bête, dix ans plus tard, voir *infra*.)

Renaissance

Charles VIII (1470-1498)
Célèbre et tragique destin que celui du roi Charles, qui mourut, dans son château d'Amboise, en se cognant violemment à un linteau en pierre. Il se rendait, pressé, front en avant et plein d'entrain, à une séance de jeu de paume... Coureur de jupons impénitent et partisan acharné des croisades – qu'il comptait mener dans l'avenir – ; il n'aura « plus » (dans le premier cas), « jamais » (dans le deuxième), l'occasion de « mettre en pratique » ces passions.

Alexandre VI (Rodrigo Borgia, 1431-1503)
Né en Espagne, à Jativa, près de Valence, et pape de 1492 à sa mort en 1503, Alexandre/Rodrigo manifeste très tôt des qualités de séducteur, d'homme politique retors et d'administrateur rusé. Jamais las de s'enrichir, il marchande les nominations et prébendes. On le soupçonne aussi d'empoisonner les cardinaux les plus riches pour s'emparer de leur héritage ; mais ce procédé n'est pas sans risque… Un soir de l'été 1503, s'étant invités chez le cardinal Adriano Castelli pour dîner à la fraîche, le pape et son fils César sont pris de malaises.

Le premier va y succomber, le second en réchapper. Qui sait s'ils n'ont pas tenté d'empoisonner leur hôte et bu par erreur dans les coupes qui lui étaient destinées ? Machiavel écrivit alors, en guise d'épitaphe : « L'esprit du glorieux Alexandre fut alors porté parmi le chœur des âmes bienheureuses. Il avait auprès de lui, empressées, ses trois fidèles suivantes : la Cruauté, la Simonie, la Luxure »…

Maximilien Ier de Habsbourg (1459-1519)

Grand-père de Charles Quint, empereur du Saint-Empire germanique, il succombe à une consommation excessive de melons, retour d'une partie de battue animalière, un jour de – euh –... ch(i)asse.

Humayun (1508-1556)

Scrutateur des cieux passionné d'astrologie, un jour cet empereur mongol dévale quatre à quatre les marches de sa tour d'observation (qu'on lui a construite pour assouvir sa passion)... Pressé de raconter et de noter toutes les merveilles qu'il a vu, il dérape bêtement et se fracasse le crâne dans l'escalier. Désastre pour ce passionné des astres, précurseur de mesdames Soleil et Françoise Hardy : personne n'aura plus l'occasion de partager son fougueux enthousiasme.

L'Arétin (1492-1556) : Mort de rire (IV)

Écrivain et poète, enfant terrible et tourmenté de la Renaissance italienne, pourfendeur des puissants prétendument né des amours interdites d'un moine et d'une nonne, L'Arétin (Pietro Aretino de son vrai nom) meurt par suffocation – ou des suites d'une chute qui lui aurait fendu le crâne. Le tout causé par un... fou rire incontrôlable ; une de ses sœurs, courtisane à Venise, venait de lui raconter une histoire et plaisanterie particulièrement obscène...

Henri II (1519-1559)
Au dernier jour des joutes organisées pour le mariage de sa fille Élisabeth, le roi Henri II se mesure à Gabriel de Montgomery, valeureux capitaine de sa Garde écossaise. Le combat est gagné d'avance – on ne laisserait perdre le souverain pour rien au monde – mais les spectateurs vont assister à un catalogue de malchances : le soleil aveugle les adversaires, la lance de l'Écossais glisse sur le bouclier du roi, dans le mauvais sens (soit de bas en haut), se brise net et des dizaines d'échardes pénètrent à travers la grille du heaume royal. Sans compter le fait que le combat n'était pas prévu au programme et qu'il avait été rajouté, à la demande expresse du roi... L'or dont est couvert Henri II n'y fera rien et, malgré les soins des stars de la médecine de l'époque, Ambroise Paré et André Vésale, Henri II meurt. Qui donc a dit d'un excès de vanité ?

Antoine de Bourbon (1518-1562)
Le père du futur Henri IV mourut à la suite d'une

blessure reçue lors du siège de Rouen, alors qu'il assouvissait un « besoin naturel », contre les remparts de la ville qu'il assiégeait. Une anecdote qui lui vaudra la célèbre épitaphe rimatoire de Voltaire : « Amis, français, le prince ici gisant vécut sans gloire, et mourut en pissant ! »

<u>Steininger</u> (Hans, 1508-1567)
Maire de Braunau-am-Inn (Autriche), Steininger meurt le cou brisé – après avoir marché sur sa propre barbe... Sa barbe, qui faisait quand même 4,5 pieds de long (soit près de 1m40), était généralement enroulée dans un étui en cuir, étui qu'il plaçait normalement dans sa poche... Après sa mort, l'excroissance pileuse fut coupée, et conservée comme relique, par la famille. En 1911, celle-ci la légua à la ville : elle peut d'ailleurs maintenant être admirée au musée du district (Herzogsburg) – l'authenticité des poils ayant été prouvée chimiquement. Autre célébrité de la ville – un peu moins sympathique celle-là – : un certain Adolf H. qui y est né, le 20 avril 1889. Fait citoyen d'honneur de son vivant, il ne fut révoqué qu'en... 2011 (Hitler, pas Steininger !)

<u>Cardan</u> (Jérôme, 1501-1576)
Philosophe italien, médecin, esprit brillant et universel, Jerôme Cardan devint aussi célèbre comme astrologue et mage (il avait en particulier tiré l'horoscope du Christ et pour cela connu les geôles de l'Inquisition). Il se

distingua aussi dans le domaine des mathématiques, des sciences naturelles et en tant qu'inventeur (le joint qui porte son nom). Ayant aussi prédit la date de sa mort, on dit qu'il décéda le jour en question, mais qu'il « accéléra » quelque peu le processus, cessant de s'alimenter quand il vit la date annoncée se rapprocher... Les gens sont médisants – et jaloux avec ça.

Sainte Thérèse d'Avila (1515-1582)
La sainte espagnole s'éteint paisiblement dans la nuit du 4 au 15 octobre 1582. (Ah, en voilà une belle coquille, se dit le lecteur observateur...) Ce à quoi l'auteur lui répond : que nenni cher ami, cette nuit durant laquelle Teresa d'Avila y Ahumada s'envola dura bien... onze jours. Explication : les instances ecclésiales avaient décidé qu'en cette soirée du 4, le monde chrétien passerait du calendrier julien au grégorien, histoire de se mettre raccord avec le mouvement de la Terre et le rythme des saisons. L'Église catholique en voie de rationalisme jouait ainsi un dernier petit tour à la religieuse espagnole, laquelle s'était affaiblie à force de jeûnes, contritions et autres privations.

Nandabayin (1535-1600) : Mort de rire (V)
Ce souverain birman explose littéralement de rire quand il apprend, de la bouche d'un marchand vénitien, que la Sérénissime est une république et qu'elle n'a pas de roi. Le rire dure dure, et dure – jusqu'à ce que Nandabayin

35

s'écroule, raide mort, son palpitant foudroyé dans un dernier soubresaut zygomatique.

Brahé (Tycho, 1546-1601)
Le nom de Brahé n'est certes pas aussi connu que celui de Copernic ou de Galilée, mais cet astronome danois a pourtant révolutionné son domaine de prédilection, au XVIème siècle. En 1601, il meurt prématurément, d'une rétention urinaire ayant entraîné une occlusion de la vessie. Les circonstances prêtent encore à controverse : la première explication serait que l'astronome, voyageant avec l'empereur Rodolphe II, se soit retenu, n'osant interrompre le royal voyage. La seconde que ce fut durant une invitation d'honneur à un dîner mondain qui s'éternisait, que Brahé retint sa vessie. Quoi qu'il en soit, la mort du scientifique a inspiré cette hilarante expression tchèque : « Poussez-vous, je ne veux pas finir comme Tycho Brahé ! »

17-18ème siècles

Bacon (Francis, 1561-1626)
Homonyme d'un futur célèbre peintre anglais, le non moins célèbre philosophe – médecin et homme de science itou – voyage un jour dans le quartier londonien de Highgate, au milieu d'une tempête de neige. Il a alors l'idée d'utiliser celle-ci pour conserver la viande : achetant une volaille à une femme du voisinage, il la fait éviscérer (la volaille, pas la dame) et remplir de la poudre blanche tombée du ciel. Son expérience réussit. Mais il contracte un tel accès de toux, fort possiblement provoqué par le froid, qu'il finit alité chez son ami le comte d'Arundel... où il meurt quelques jours plus tard, sacrifié à la science frigorifique. (On dit aussi que cette mort était en fait due à une intoxication bien plus ancienne et prolongée celle-là – à trop s'être approché des cadavres durant ses recherches sur la pratique de l'embaumement.)

Louis de Bourbon (1604-1641)
Ce petit-cousin du roi Louis XIII entretenait une haine tenace vis-à-vis de Richelieu, grand personnage de l'État

s'il en fut. Allié à Gaston d'Orléans, le jeune frère du roi, il masse alors une véritable armée à Sedan. Pour reprendre la ville, Richelieu dépêche lui l'armée royale. Le choc des deux troupes a lieu le 6 juillet 1641 et, contre toute attente, la bataille tourne à l'avantage des conjurés. Louis de Bourbon-Soissons peut respirer : il relève alors la visière de son casque en s'aidant du canon de son pistolet, un gimmick très classe qui est devenu sa « marque de fabrique ». Mais le coup part sans prévenir... et lui emporte la moitié du visage. Privés de chef, les séditieux se rendent : le cardinal a gagné.

Scarron (Paul, 1610-1660)
Malgré une vie marquée par la souffrance, l'écrivain Scarron a laissé une empreinte durable, fortement inspirée des burlesques du siècle d'Or espagnol. Époux de Mme de Maintenon – future Mme (du roi) Soleil – Scarron était atteint d'une maladie (probablement une spondylarthrite ankylosante) qui l'amena progressivement à la paralysie, le laissant tordu en forme de Z, les genoux rentrés dans l'estomac et la tête constamment penchée sur l'épaule. Scarron mourra de ses multiples pathologies, le tout couronné d'une crise de hoquet finale – or, vu l'aspect physique de Paulo, peut-être que personne ne s'était rendu compte de ladite crise...

Urquhart (Thomas, 1611-1660) : Mort de rire (VI)
Écrivain écossais, amoureux des belles lettres mais dont

le style pompeux et alambiqué était déjà décrié de son temps, ses zygomatiques lâchent en apprenant la nouvelle de la restauration de Charles II... Une fin bien truculente *indeed* – à l'image de l'œuvre de Rabelais, dont Thomas Urquhart de Cromarty était un des premiers traducteurs.

Vatel (Fritz-Karl Watel dit François, 1631-1671)
Maître d'hôtel au service du prince Louis II de Bourbon-Condé, cette légende de la gastronomie se suicide pendant une réception donnée en l'honneur de Louis XIV. Comment, et pourquoi ?? En se transperçant lui-même, avec son épée qu'il a bloquée contre la porte de sa chambre. Et à cause d'un retard dans la livraison de la pêche du jour !... Ça, c'est ce qu'on appelle 1) de l'acharnement, 2) de la conscience professionnelle et 3) un sens de l'honneur exacerbé.

Chapelain (Jean, 1595-1674)
Très à cheval sur ses prérogatives d'académicien, Chapelain fut en particulier l'auteur d'un pensum sur Jeanne d'Arc – qu'il mit trente ans à écrire (il était payé pour cela, donc autant prendre son temps…) Et donc aussi, d'une pingrerie crasse : un jour de tempête, il refuse de payer le cocher qui doit le conduire à l'Académie, et même la planche qui lui permettrait de passer les ruisseaux causés par les pluies torrentielles… Ni une ni deux, il attrape un mauvais rhume, lequel dégénère en

fluxion, et meurt rapidement, après une dernière séance chez les... Immortels ! (Ah ah, oui oui, excellent – NdE.)

Lully (Jean-Baptiste, 1632-1687)
Génial compositeur devenu surintendant de la musique de Louis XIV, il va mourir en rythme, battant la mesure de sa belle canne ornée, lors d'une répétition du *Te Deum* prévu pour célébrer le rétablissement de son souverain. Après s'être violemment frappé l'orteil, très vite sa jambe s'infecte. La gangrène s'installe alors, mais Lully refuse qu'on la lui coupe (euh, la jambe...), lui qui était également danseur. Il expire quelque temps plus tard, le 22 mars 1687. Un bien triste retour de bâton, n'est-ce pas ?

Harlay de Champvallon (François de, 1625-1695)
Abbé commendataire de Jumièges en 1648, député de Normandie à l'assemblée du clergé, archevêque de Rouen en 1651 puis de Paris en 1670, n'en jetez plus de la vie confite en dévotion de ce grand serviteur de l'Église... Jusqu'à ce soir du 6 août 1695 où Monseigneur passe de vie à trépas dans son château de Conflans. Officiellement d'une crise d'apoplexie, en fait en plein pêché de chair, dans les bras de sa maîtresse, la duchesse de Lesdiguières. Ce disciple de Mgr. Daniélou – avec trois siècles d'avance – s'envole au septième ciel après s'être envoyé en l'air ; il repose maintenant à Notre-...Dame. Pour la petite histoire, c'est lui qui refusa

une sépulture chrétienne à Molière – hypocrite et tartuffe jusqu'au bout, on vous dit.

Santeuil (Jean-Baptiste, 1630-1697)
Poète français du Grand Siècle qui eut un jour la mauvaise idée de recevoir chez lui le prince Louis III de Bourbon-Condé. Ce dernier, d'après le mémorialiste Saint-Simon, versa une pleine tabatière dans le verre de de son hôte, manière de plaisanterie pour railler celui qui, d'après Boileau, se tenait pour le plus grand poète du monde... Bêtise crasse contre vanité, le fait est que Santeuil mourut après avoir bu son verre de vin, au bout de deux jours de vomissements et de fièvre.

Guidi (Charles Alexandre, 1650-1712)
À Rome, le poète Guidi avait été chargé de rédiger une traduction en vers des homélies latines du pape Clément XI. Le 12 juin 1712, en route vers Castel Gandolfo pour remettre personnellement la première impression de l'ouvrage, il s'éteint brusquement d'une attaque d'apoplexie foudroyante. Le choc avait été causée par la découverte de quelques erreurs d'impression, coquilles ou autres, dans l'ouvrage papal… Fatale contrariété pour le (trop) consciencieux poète, la perspective de son honneur bafoué ayant été trop dure à supporter – mort de honte, quoi.

Richmann (Georg-Wilhelm, 1711-1753)
Membre de l'Académie des sciences de Saint-Peters-

bourg, Richmann – contrairement aux autres expérimentateurs qui se contentaient d'observer les étincelles du phénomène – voulait lui mesurer la force réelle du tonnerre. À sa tige métallique, il adjoint un indicateur qui doit pouvoir lui donner une valeur quantitative de l'intensité de l'éclair. L'expérience cruciale eut lieu le 6 août 1753, lorsqu'une cellule orageuse arriva sur la capitale russe. Or le hasard voulut qu'au moment précis où le physicien s'approchait de son indicateur pour en lire la valeur, la foudre frappa son dispositif, le tuant sur le coup. Le rapport d'autopsie indiquera : « Sur son front, quelques gouttes de sang. Le pied gauche lui se trouva brûlé et, en le découvrant, on y trouva une marque bleue : d'où l'on conclut que la foudre était entrée par la tête et sortie par le pied » – bon dieu mais c'est bien sûr… Quoi qu'il en soit du diagnostic des perspicaces enquêteurs, la mort du savant répandit la consternation dans le monde scientifique. Car même si la foudre tue chaque année quelques milliers de personnes dans le monde, Richmann reste à ce jour l'unique chercheur qui perdit la vie dans l'étude de ce phénomène.

<u>Leszczynski</u> (Stanislas, 1677-1766)
Stanislas Leszczynski, ancien roi de Pologne deux fois destitué, père de Marie, l'épouse de Louis XV, vit retiré, sans aucun pouvoir, à Lunéville. Ce soir de février 1766, il se réchauffe devant sa cheminée, quand tout à coup sa robe de chambre prend feu. Secouru trop tard, et malgré

tous les soins qu'on lui prodiguera, le roi mourra après dix-huit jours de calvaire, trop cuit… Pour la petite histoire : « feu » l'ex-roi de Pologne était un fin gourmet : on lui doit en effet l'importation en France du célèbre baba-au-rhum, ce délicieux gâteau qui, dans les règles de l'art, doit être suffisamment… cuit, à 205 degrés minimum (*dixit* le blog LeDevoir).

Guillemain (Louis, 1705-1770) : Le suicidé opiniâtre (II)
Compositeur et violoniste de talent, « plein d'audace et de brio »selon les chroniques de l'époque, Guillemain meurt en forêt de Chaville, alors qu'il se rendait à pied à Versailles. Sa mort reste entourée de mystère et de tragique : quatorze coups de couteau, chacun dans une partie différente du corps… Alors, une mauvaise rencontre ? Artiste au caractère sombre, mélancolique, alcoolique et appauvri par des achats extravagants, traqué par ses créanciers, l'opinion et l'enquête opteront finalement pour un suicide… Louis Guillemain, le Robert Boulin du violon ?

Adolphe-Frédéric de Suède (1710-1771)
Connaissez-vous l'histoire de la fin tragique d'Adolphe Frédéric de Suède, survenue le 12 février 1771 ? Après avoir ingurgité un repas composé de homards, caviar, choucroute, hareng, poisson fumé, le tout arrosé de champagne, monsieur se servit quatorze fois de son dessert favori, le semla. Ce dernier, servi dans un bol de

lait chaud, provoqua le choc final – et le bon Adolphe mourut d'indigestion. Les écoliers suédois se souviennent de lui comme d'un roi qui s'en donnait à cœur joie – le « roi qui mangea jusqu'à en mourir ».

Cook (James, 1728-1779)
Né le 27 octobre 1728 en Angleterre, Cook s'engage dans la marine en 1755 puis, à partir de 1768, réalise une série d'explorations pour le compte de la couronne britannique. Il cartographie la Nouvelle-Zélande, explore la côte orientale de l'Australie, le Pacifique et découvre notamment la future île d'Hawaï. Le navigateur meurt le 14 février 1779, après une altercation qui a mal tourné avec des habitants du coin. Il est frappé à la tête, enlevé, tué puis dévoré, par des autochtones affamés... et très colères. Une partie de l'archipel sera plus tard baptisée en son honneur, l'île Cook, l'une des plus méridionales des îles… Sandwich.

Gilbert (Nicolas, 1750-1780)
Poète pourfendeur des encyclopédistes du siècle des Lumières, à qui il vouait une haine tenace (D'Alembert en particulier mais tous en général, ceux-ci refusant de reconnaître ses talents de littérateur). Suite à une chute de cheval, il doit subir une trépanation qui va le rendre – euh, comment dire ? – complètement fada (les techniques rudimentaires de l'époque…) Poète maudit avant l'heure, il trépasse à l'Hôtel-Dieu, après avoir

avalé la clef de la cassette qui contenait ses précieux manuscrits, et en plein accès de démence (« La clef, la clef... » furent ses derniers mots). L'ingurgitation du métal n'aura rien arrangé à son délire, on s'en doute.

Sanson (Gabriel, 1769-1792)
Gabriel, fils du célèbre bourreau Charles-Henri Sanson, mourut des suites d'une chute, en voulant présenter à la foule une tête fraîchement coupée. Étourdi, l'émule de papa glisse, tombe de l'échafaud et se fend le crâne. On dit que son bourreau de géniteur en fut très affligé – ce qui ne l'empêchera pas de continuer sa prolifique carrière, jusqu'en 1795.

Gossin (Pierre François, 1754-1794)
C'est à Pierre François Gossin, obscur député de l'Assemblée nationale constituante, que l'on doit la création des départements français. Son mandat s'achevant en 1791, Gossin gagne la Meuse où il a été élu procureur général syndic. Un an plus tard, les troupes austro-prussiennes occupent l'Est du territoire et le convoquent, du fait de sa fonction. Une simple entrevue qui va lui coûte cher : pour avoir soi-disant pactisé avec l'ennemi, l'élu est condamné à mort par les instances révolutionnaires. Le 23 juillet 1794, en pleine Grande Terreur, les condamnés sont appelés un à un, avant de monter dans la charrette qui les conduira à l'échafaud. Et là, miracle : Pierre François est oublié, personne ne

prononce son nom ! Il pourrait disparaître mais, pour une raison inexplicable, Gossin n'en fait rien. Obsession masochiste de la légalité, peur d'agir, incrédulité, on ne sait trop... Le député suit donc la charrette, jusqu'à la place du Trône où se dresse la guillotine, et il meurt là, décapité certes mais jusqu'au bout respectueux de loi.

Féraud (Jean-Bertrand, 1759-1795)
L'hiver et le printemps de l'an III sont marqués par la disette et par l'échec de l'insurrection du 12 germinal (1er avril 1795) : les manifestants sont réprimés, dispersés ou déportés sur l'île d'Oléron... Au matin du 1er prairial (20 mai), la population des faubourgs St-Antoine et St-Marcel envahit de nouveau la Convention pour réclamer « du pain et la Constitution de l'an I ». Jean-Bertrand Féraud, brave conventionnel chargé de l'approvisionnement de Paris, est alors pris à partie par la foule puis, la tension montant, assassiné par les insurgés. Pour couronner le tout, sa tête, placée au bout d'une pique, est présentée dans l'enceinte même de la Convention, au président de séance. De fait, Féraud fut lynché à la place d'un autre, pour cause de quasi-homonymie : c'est Fréron, un autre député particulièrement honni – qui obtiendra la mort pour les assassins de son collègue – qui était initialement visé... Le meurtre particulièrement brutal du député Féraud est devenu un des symboles de la violence politique de cette période... et de la malchance dudit Féraud.

19ème siècle

Bichat (Xavier, 1771-1802)
Le célèbre médecin français Marie François Xavier Bichat est connu, entre autres, pour ses travaux en anatomie pathologique. Ayant étudié le rôle des tissus comme unités fondamentales dans les propriétés physiologiques et pathologiques de l'organisme, il décède, d'une fièvre typhoïde consécutive à une contamination, pendant une dissection. En 1845, on décide son transfert au cimetière du Père-Lachaise. Mais on se rend compte qu'il manque la tête dans la tombe initiale... Tout penaud, un certain Dr. Roux, disciple de Bichat pétri d'adoration, va alors rendre l'auguste crâne – crâne qu'il avait gardé par devers lui, pendant plus de quarante ans...

Grimod de la Reynière (Balthazar, 1758-1837)
Cet original en tout, gastronome, avocat, journaliste et écrivain, termine sa vie en douceur, le soir de Noël 1837, sur un dernier de ses (nombreux) aphorismes – au hasard Balthazar : « Au moment de paraître devant Dieu, je veux me réconcilier avec mon plus mortel ennemi »... Culotté, non ?

<u>Dumont d'Urville</u> (Jules-Sébastien-César, 1790-1842)
L'homme qui fit plusieurs fois le tour du monde, qui découvrit la Terre Adélie et qui fit ramener en France la Vénus de Milo, meurt dans un accident ferroviaire, retour d'une promenade en famille. À l'époque, les compartiments étaient verrouillés de l'extérieur. Et pourquoi donc ? Pour éviter que les passagers ne tombent sur la voie… Les portes de chaque wagon donnant directement sur l'extérieur, les voyageurs restèrent donc bloqués dans leurs cellules, le train en feu… La catastrophe de Meudon, une des premières en France, fit près de 250 morts ou blessés parmi les 700 passagers.

<u>Mlle Mars</u> (Anne-Françoise Boutet dite, 1779-1847)
Comédienne star de son temps, adulé du petit peuple et des grands (Victor Hugo, Louis XVIII qui lui attribue une pension à vie), elle meurt de trop de coquetterie, à 68 ans. En effet, ayant pris l'habitude d'asperger ces vilains cheveux blancs qu'elle guette chaque matin, avec une lotion de teinture, celle-ci va finir par lui attaquer le cerveau – autant que le cuir chevelu. Faut dire, une lotion de temps en temps, ça peut aller, mais une lotion au plomb (!!), et ceci toutes les semaines pendant des années… Ses funérailles seront à la hauteur de sa fin, dans un style encore plus ubuesque : scènes d'hystérie collective, arrachage de cheveux des pleureuses éplorées, prêtres qui se détournent au passage du cortège, etc., etc.

Poe (Edgar Allan, 1809-1849) Voir Nerval (Gérard de).

Nerval (Gérard Labrunie dit de, 1808-1855)
Poète de renom, Nerval est retrouvé, un beau matin de 1855, pendu à une lanterne de la rue de la... Vieille-Lanterne. On mit ce suicide sur le compte des troubles mentaux et dépressions récurrentes de l'homme de lettres, lequel fut en plus retrouvé avec son haut-de-forme sur la tête, tout de même... Alors, suicide, vraiment ? Peut-être que Gérard ne voulait pas en plus attrapé froid en cette nuit d'hiver, qui sait... Dérangé le poète, mais facétieux jusqu'au bout, ou respectueux des convenances, au choix... Ou alors, meurtre crapuleux – le classique syndrome « mauvais endroit, mauvais moment » –, avec gag de mauvais goût à la clé ? (Un peu comme un autre poète, américain celui-là, Edgar Allan Poe, qu'on retrouva un jour, battu à mort et totalement dépenaillé.)

Boole (George, 1815-1864)
Mathématicien et logicien à l'origine de l'algèbre qui porte son nom, George Boole décède des suites d'une pneumonie, après que sa femme l'ait aspergé de plusieurs seaux d'eau. Adepte des idées de Samuel Hahnemann, l'inventeur de l'homéopathie, elle pensait soigner son mari d'un banal refroidissement en appliquant cette théorie consistant à soigner le mal par le mal... Bien vu, la veuve !

Semmelweis (Ignace Philippe, 1818-1865)
Médecin hongrois dont les thèses médicales entraînèrent son décès dans des circonstances tragiques, après avoir été interné de force dans un asile de Döbling, près de Vienne. Pendant son internement, il subira de tels mauvais traitements qu'il mourra des suites d'une septicémie causée par une blessure infectée. Lui dont le seul tort avait été de préconiser le lavage des mains en milieu hospitalier – pour prévenir les risques d'infection justement... Victime de l'institution médicale et de confrères jaloux, il donnera aussi son nom à « l'effet Semmelweis » : soit, la tendance à rejeter de nouvelles preuves ou connaissances qui vont à l'encontre des normes et des croyances établies. Anecdote ironico-amère : 59 ans après la mort de Semmelweis, c'est l'écrivain Céline – docteur à ses heures et antisémite notoire – qui, dans un fugace accès de lucidité, réhabilitera le médecin juif de Vienne (*La Vie et l'œuvre de Philippe Ignace Semmelweis*, 1924).

Bullock (William, 1813-1867)
William Bullock est cet ingénieur américain, concepteur d'une rotative révolutionnaire (vitesse surmultipliée, bobines de papier) – révolutionnaire certes mais un brin récalcitrante... Car ce 3 avril 1867, voulant ajuster, d'un coup de pied, une courroie d'entraînement défectueuse, la machine s'emballe et lui happe la jambe, la brisant net. Très rapidement, la gangrène s'installe et on décide

de l'amputer... Bullock meurt pendant l'opération, martyr de la science – et de cette maudite courroie.

De Monéys (Alain, 1838-1870)
Le 16 août 1870, le petit village de Hautefaye (Dordogne) fut le théâtre du supplice et de la mise à mort particulièrement barbare d'un jeune aristocrate local, Alain de Monéys. Le caractère atroce de l'événement fut en plus amplifié par de supposées rumeurs de cannibalisme, dues à certains propos du maire du village. Quoi qu'il en soit, à la suite d'un simple malentendu, il semblerait que le pauvre de Monéys ait été pris pour un complice de l'envahisseur teuton, ce qui entraîna un délire homicide collectif chez les paysans réunis en ce jour de foire. Tabassage, supplice, lynchage, immolation, ces scènes de cannibalisme présumées, et meurtre final : quand fièvre obsidionale – les Prussiens seraient aux portes de la capitale... – et le pire de l'âme humaine se tiennent par la main. En décembre, lors du procès qui se tint à Périgueux, vingt villageois furent condamnés, dont quatre à la peine capitale... Plusieurs ouvrages ont été consacrés à cette affaire, entre autres le classique de Jean Teulé (cf. l'entrée qui lui est consacré, p. 108). Pour l'écrivain Georges Marbeck, l'affaire symboliserait le meurtre ritualisé du bouc émissaire. Pour l'historien Alain Corbin, les raisons tiendraient davantage aux représentations politiques en cours chez les habitants de la région, celles-ci étant marquées par la

crainte d'une pseudo-coalition républicains/nobles/curés en vue de renverser l'empereur Napoléon III (*Le Village des « cannibales »*). Une bien triste histoire en tout cas.

Vallandigham (Clement, 1820-1871)

Avocat et homme politique américain, Vallandigham veut prouver de manière irréfutable l'innocence d'un de ses clients accusé d'homicide, lors d'une fusillade dans un bar. Il tente alors de reconstituer les faits de façon si réaliste qu'il se blesse mortellement avec un pistolet (qu'il croyait déchargé), en plein tribunal. Son client sera finalement acquitté, mais lui mourra bel et bien – de sa mésaventure et de sa conscience professionnelle.

Lenôtre (Charles Camille, 1842-1881)

Militant politique exilé pour sa participation à la Commune de Paris de 1871, ferblantier de son état, après dix ans d'attente Charles Lenôtre est de retour au pays. Mais le destin s'en mêle : les circonstances du voyage (haute mer, longueur du périple) compliquent les néphrite chronique et maladie rénale qu'il avait contractées au bagne. Après dix ans d'attente, Lenôtre décède à bord, sur le chemin du retour, premier des amnistiés mais le seul à ne pas pouvoir en profiter…

Pinkerton (Allan, 1819-1884)

Modèle du détective privé, ayant créé une célèbre agence à son nom, et dont le seul échec fut la traque ratée du hors-la-loi Jesse James, Pinkerton glisse un jour de pluie, dans la rue, s'étalant de tout son long sur le trottoir. Rien de bien grave… Oui, sauf que le célèbre limier s'est mordu la langue dans sa chute et que petit à petit la blessure, bénigne au départ, va progressivement s'infecter. Infection qui dégénérera en gangrène – qui elle-même terrassera Pinkerton, trois semaines plus tard...

Alkan (Charles-Valentin, 1813-1888)
Compositeur et musicien un peu décrié de son vivant, et ignoré de nos jours, Charles-Valentin Alkan, de son vrai nom Morhange, fut toute sa vie féru de recherches métaphysico-religieuses. Il meurt de sa seconde passion, écrasé sous sa bibliothèque, en tentant d'atteindre son exemplaire du Talmud qui se trouve là, oui là tout en haut...

Pauwels (Amédée, 1864-1894)
Anarchiste belge de l'école individualiste, adepte de la propagande par le fait, Pauwels tenta de commettre un attentat à la bombe, dans l'Église de la Madeleine, le 15 mars 1894. À l'instant où il ouvre la porte tambour, Pauwels fait un faux mouvement et retourne sa marmite qui explose, faisant voler en éclats les vitres de l'église – et éventrant son porteur... Et voilà, c'en est fini de celui qui voulait venger ses amis anars – Auguste Vaillant et Émile Henry, exécutés l'année précédente pour des faits certes de même nature, mais bien moins grotesques.

Charles-Louis de Habsbourg (1833-1896)
Il était dit que ce membre de la maison de Habsbourg-Lorraine – frère de François-Joseph (lequel régnera jusqu'en 1916), oncle de l'archiduc Rodolphe (retrouvé sans vie dans le pavillon de chasse de Mayerling), mari de sa deuxième épouse morte prématurément de tuberculose, à l'âge de 28 ans... – aurait une vie marquée du sceau du malheur. Héritier présomptif du trône d'Autriche-Hongrie, il meurt subitement, en 1896, d'une fièvre typhoïde – la même qui avait emporté sa première épouse 38 ans plus tôt. Il avait contracté la maladie après avoir bu l'eau du Jourdain, eau qu'il croyait sûrement bénite, lors d'un pèlerinage en Terre sainte... Dès lors, son fils François-Ferdinand est désigné comme héritier du trône impérial, rejeton qui va mourir dans l'attentat de juillet 1914 à Sarajevo, aux prémices de la Première Guerre mondiale ! On se tue à vous le dire, Charles-Louis de Habsbourg : un (presque) empereur sacrément marqué par le destin.

Ferret (Auguste, 1851-1896)
Maire du Bouscat (Gironde), conseiller général, Auguste Ferret fut candidat à une élection législative partielle en 1896. Il meurt le jour du deuxième tour de scrutin, qu'il remporte néanmoins. La Chambre, constatant la validité du scrutin, proclame tout de même son élection, puis immédiatement, constate la vacance du siège... Ce qui

fait d'Auguste Ferret, en plus d'avoir été élu de manière posthume, le député français au mandat le plus court.

Faure (Félix, 1841-1899)
« Il y a presque 120 ans (le 16 février 1899), le septième président de la République mourait subitement à l'Élysée – 55 rue du Faubourg-St-Honoré –, d'une crise cardiaque. La présence à ses côtés de sa maîtresse, Madame Steinheil, fit le délice des chroniqueurs de l'époque. "Il voulait être César, il n'aura été que Pompée". C'est par ce trait d'esprit et cette double allusion politico-érotique que Georges Clemenceau résuma la mort du président : victime d'une crise cardiaque certes... mais suite à une gâterie prodiguée par sa douce amie, en plein Palais de la République. Bref, les gazettes de l'époque firent des... gorges chaudes de la disparition de cet homme politique, déjà connu pour son goût prononcé pour la bagatelle. *Le Journal du Peuple* écrivit notamment – autre jolie métaphore – que le facétieux Félix Faure était mort ''d'avoir trop sacrifié à Vénus'' ». (Extraits du *Mon Paris Insolite* – de votre serviteur.)

55

20-21ème siècles

Lorthiois (Pierre, 1873-1902)
Fils de bonne famille et président fondateur de la section nord de la Ligue de la Patrie Française, enfant chéri de la droite lilloise, Pierre Lorthiois brigue la députation, s'y voyant déjà. Mais c'est sans compter sur la violence de la campagne électorale qui s'annonce... Le 20 avril 1902, Lorthiois est victime de brutalités de la part de ses adversaires politiques ; sa voiture est renversée et il est frappé, victime de multiples contusions. La semaine suivante il est atteint d'une fièvre typhoïde, suivie de complications cardiaques, et meurt subitement, le dimanche 11 mai 1902. Ce même dimanche 11 mai 1902 où il est élu au second tour de scrutin. Pierre Lorthiois aura été député une demi-journée – ce qui n'est déjà pas si mal, non ?

Eberhardt (Isabelle, 1877-1904)
Le 21 octobre 1904, un orage épouvantable déverse des trombes d'eau sur la petite ville d'Aïn Sefra, chef-lieu d'un des territoires du Sud algérien nouvellement créés. Parmi les disparus, enseveli sous les décombres, le corps sans vie d'Isabelle Eberhardt (et de 35 autres personnes). Journaliste installée en Algérie, écrivaine et exploratrice

convertie à l'islam, elle meurt ce jour, littéralement... noyée dans ce désert qui la fascinait tant.

Berteaux (Maurice, 1852-1911)
Ministre de la Guerre puis président de la Commission de l'Armée, Maurice Berteaux participe, entre autres, à l'œuvre de rénovation de l'institution militaire, puis à celle de l'éducation populaire. Le 21 mai 1911, à l'âge de 58 ans, il meurt décapité et amputé d'un bras par l'hélice d'un monoplan qui s'est crashé dans la foule, lors d'un meeting aérien. Accident de travail pour le brave ministre en quelque sorte, l'appareil était piloté et avait été conçu par l'aviateur Louis Émile... Train. Et, quelque temps auparavant, avec Jean Jaurès, Berteaux avait fait adopter une loi sur la prise en charge des accidents du travail favorable aux employés des... chemins de fer. Une histoire édifiante, qui n'aurait certes pas départi d'un sketch de Pierre Dac ou des Monty Python.

Daniel (Jack, 1846-1911)
Jack Daniel, fondateur de la célèbre distillerie américaine qui porte son nom, meurt d'une plaie ouverte ayant dégénéré en septicémie. Elle aurait résulté de complications dues à une blessure à l'orteil qu'il s'était infligée, en donnant un coup de pied à son coffre-fort (dont il avait oublié pour la énième fois la combinaison !) Sujette à caution pour un de ses biographes (Peter Krass), l'accès de rage de Jack Daniel sur le coffre-fort se serait en fait déroulé bien des années avant qu'il ne meure, et la gangrène en rapport avec son décès serait donc sans lien avec l'accident. Mais, comme le dit le bon

mot tiré du célèbre film de John Ford, *L'Homme qui tua Liberty Valance*, « quand la légende est plus belle que la réalité, imprimez la légende »...

Reichelt (Franz, 1878-1912)
Tailleur pour dames des beaux quartiers parisiens, Franz Reichelt a une autre passion : l'aviation naissante. Depuis quatre ans, il a conçu une superbe cape ailée dont il est sûr qu'elle va lui permettre de réaliser son rêve icarien : voler. À 33 ans, il se tue en sautant du premier étage de la tour Eiffel, alors qu'il veut tester son manteau-parachute (lequel devait aussi permettre aux aviateurs de se sauver dans les crashes aériens). La séquence – publique – a été filmée ; elle est encore visible de nos jours sur internet et a contribué à faire de cette mort tragico-stupide l'une des plus médiatisées de l'Histoire.

Bierce (Ambrose, 1842-1913 ou 1914)
Quel rapport entre l'écrivain américain maître de la satire acerbe, un chanteur variéto-punk (Alain Kahn), un Frère Ennemi humoriste (Teddy Vrignault), un guitariste anglais de rock alternatif (Richey Edwards), un poète boxeur neveu d'Oscar Wilde (Arthur Cravan), le père du Petit Prince (Antoine de St-Exupéry), un aventurier de la télévision franchouillarde (Philippe de Dieleveult), un tueur en série bon terrassier (Xavier Dupont de Ligonnès), un photographe free-lance fils de son acteur de père (Sean Flynn), une auteure-compositrice folk américaine (Connie Converse), un physicien russe de renom (Vladimir Alexandrov), un fils de vice-président

américain (Michael Rockefeller) et un enfant acteur (Joe Pichler) ? Aucun, si ce n'est qu'ils ont tous disparus « d'un coup », du jour au lendemain, sans laisser d'adresse... ni de traces de leur restes.

François-Ferdinand d'Autriche (1863-1914)
En ce 28 juin 1914, après l'attentat auquel il vient d'échapper, l'archiduc François-Ferdinand est très colère : « C'est comme ça que vous accueillez vos invités – avec des bombes ! », lance-t-il aux autorités locales. Il vient en effet d'échapper à un attentat et décide tout de go d'aller visiter les blessés à l'hôpital. Mal lui en prend, dans la cohue et l'hésitation la voiture de l'archiduc s'immobilise quelque temps au milieu de la foule... Et devant un certain Gavrilo Princip, lequel est l'un des terroristes serbes qui, confrontés à l'échec de leur entreprise, cherchent maintenant à fuir discrètement... Saisissant cette dernière chance, Princip tire sur le couple princier (ah, ah), atteignant à l'abdomen son épouse (celle du prince, pas de Gavrilo – re-ah, ah), et François-Ferdinand au cou. Catastrophe et mort de l'imprudent héritier du trône. Une autre catastrophe suivra – qui fera elle près de vingt millions de morts...

Verhaeren (Émile, 1855-1916)
Adulé par l'intelligentsia de la Belle Époque, le poète belge Émile Verhaeren est un ardent défenseur de la paix. Mais la guerre éclate en 1914 ; dès lors, il va se faire l'écho des atrocités allemandes, et toujours du pacifisme comme seule solution au carnage mondial. Le 27 novembre 1916, à l'issue d'une conférence à Rouen,

il est porté en triomphe jusqu'à la gare. Ses admirateurs vont même l'accompagner jusqu'au quai, où un mouvement de la foule enthousiaste le fait chuter – sur les rails. Il meurt les jambes sectionnées par le train qui allait le ramener à Paris, et ne verra jamais la fin de la boucherie mondiale.

Raspoutine (1869-1916)
Il existe plusieurs versions de la mort du célèbre mystique et guérisseur russe Grigori Efimovitch Raspoutine. L'une d'entre elles nous dit qu'il finit sa carrière de charlatan à la cour du Tsar, empoisonné au cyanure. Qu'il reçut ensuite trois coups de pistolet (dont un à la tête) puis qu'il fut enveloppé dans un sac pour être finalement jeté dans les eaux glacées de la Neva. À l'autopsie, on retrouva de l'eau dans ses poumons, preuve qu'il respirait encore, malgré l'acharnement, le poison, les balles et les coups continuels de ses meurtriers... Un mort-(encore)vivant en quelque sorte.

Cravan (Arthur, 1887-1918)   Voir Bierce (Ambrose).

Trébuchon (Augustin, 1878-1918)
Ce soldat de 1ère classe, estafette au 415ème régiment d'infanterie, meurt d'une balle dans le crâne, cinq minutes avant le cessez-le-feu du 11/11/1918. Il allait porter un message à son capitaine – peut-être l'annonce de la fin de la guerre ? (Mais de toute façon, tout cela était inutile puisqu'on savait que dans quelques minutes

tout serait fini...) Bref, le pauvre Augustin est le dernier soldat français mort au combat durant la Première Guerre mondiale. Sur ses registres, un peu honteuses, les autorités décidèrent de signaler le 10 novembre comme date de décès – un scandale qui ne fut dénoncé et « rectifié » que quatre-vingt dix ans plus tard, en 2008.

Gunther (Henry, 1895-1918)
Autre soldat de la guerre 14-18, américain celui-là, tout juste incorporé Henry Gunther meurt de cinq balles de mitrailleuse, le jour de l'armistice du 11 novembre – à 10h59, soit une minute avant le cessez-le-feu général... Officiellement, c'est le dernier soldat tué pendant le premier conflit mondial, toutes nationalités confondues.

Chapman (Raymond Johnson, 1891-1920)
Le 16 août 1920, ce joueur de base-ball professionnel joue à New York, contre les célèbres Yankees. Lors de la cinquième manche, il est frappé à la tête par la balle lancée par l'adversaire. Malgré une opération chirurgicale, Chapman est déclaré mort le lendemain matin, des suites de lésions cérébrales. Il semble qu'il n'ait tout simplement pas vu la balle lui arriver dessus, et n'ait donc rien fait pour l'éviter. À cette époque, on utilisait en effet la même *fair ball* pendant tout un match, usant de tous les moyens possibles pour la « salir» (terre, résine, chique) ou même en altérer la forme (griffures, coupures), ceci afin de la faire apparaître moins visible,

et partant de rendre sa trajectoire moins prévisible... Inutile de dire qu'aujourd'hui les balles sont remplacées au moindre signe d'altération.

Alexandre Ier de Grèce (1893-1920)

Alexandre, roi des Hellènes, se promenait sur les terres de son domaine de Tatoï (près d'Athènes), quand son berger allemand fut attaqué par un singe domestique. Le souverain tente alors de séparer les deux animaux, mais un second chimpanzé l'attaque et le mord, à la jambe et dans la région de l'estomac, lui causant une fatale septicémie. Il meurt à l'âge de 27 ans, le 25 octobre 1920, après trois semaines de délire et de souffrances, et maudissant – à coup sûr – tous les primates de la Terre.

Daragon (Jean, 1871-1923)

Un pensionnaire du théâtre de la Porte-St-Martin meurt « parce qu'il ne savait pas se moucher »... Selon le quotidien *Le Matin*, Jean Daragon – époux de la célèbre comédienne Marguerite Moreno –, grippé, s'est mouché négligemment. Envoyant ses microbes dans son oreille, il a provoqué une otite aiguë. L'infection qui, à l'époque, échappe aux médicaments, gagne rapidement le cerveau et dégénère en méningite mortelle. Dans le journal, le docteur Pierre-Louis Rehm explique ainsi que « pour se moucher sans danger, il faut appuyer tour à tour sur chacune des narines, une seule pression suffisant »... Euh, compris ?

Hayes (Frank, 1901-1923)
Frank Hayes était ce jockey américain, mort d'un infarctus au beau milieu d'une course hippique. Ce qui n'empêcha pas son cheval – nommé *Sweet Kiss* (le baiser de la Mort ?) – de gagner la compétition, faisant ainsi de Hayes le premier gagnant (déjà) mort à l'arrivée.

Houdini (Ehrich Weiss dit Harry, 1874-1926)
Célèbre prestidigitateur américain d'origine hongroise, il décède d'une péritonite consécutive à une rupture de l'appendice, après que Joselyn G. Whitehead, étudiant canadien de l'université de Montréal, l'ait frappé au ventre à de multiples reprises. Car, en effet, au début de ses spectacles, Houdini avait l'habitude de demander à une personne du public de lui donner un coup de poing dans le ventre, afin de prouver qu'il ne trichait pas et qu'il était invincible. Il avait emprunté son nom au plus grand illusionniste du siècle précédent, Robert Houdin – qui lui était bien moins téméraire,... mais plus prudent.

Gaudi (Antoni, 1852-1926)
Architecte catalan de renom (la Casa Batllo, La Pedrera, le parc Güell de Barcelone, etc.), Antoni Gaudi meurt le 10 juin 1926 – assez bêtement... Trois jours plus tôt il avait en effet été renversé par un tramway, au sortir d'une de ses visites aux travaux de sa chère Sagrada Familia. Au vu de ses frusques plus que modestes, celle d'un bohémien artiste, il semblerait qu'il n'ait pas été

reconnu. Pris pour un vagabond, les secours auront mis un temps fou à réagir et à amener le pauvre visionnaire de l'art à l'hôpital… Gaudi ne verra jamais la fin de la construction de son œuvre majeure, cette Sagrada Familia qui ne devrait s'achever qu'en 2026, soit 100 ans après la mort d'icelui et 144 après le début des travaux d'icelle. Eh bien, mieux vaut tard que jamais, non ?

Parry-Thomas (John Godfrey, 1884-1927)
Coureur automobile gallois qui, ce 3 mars 1927, est bien parti pour battre son dixième record de vitesse… Quand, tout à coup, la chaîne de transmission de son bolide en folie se brise – et il meurt, décapité par icelle. Plus tard, on se rendra compte qu'en plus sa roue arrière droite s'était brisée, à plus de 250 km/h. Quand ça veut pas, ça veut pas...

Duncan (Isadora, 1877-1927)
Star de la Belle Époque et des années folles, la danseuse Angela Isadora Duncan a fait du voile sa marque de fabrique : elle n'aimait rien tant que danser dans le plus simple appareil – ou presque –, à peine protégée des regards par de très légers tissus vaporeux. C'est peu de dire qu'elle connut le succès. L'artiste américaine – puis soviétique ! – a fasciné ses contemporains, séduit un nombre incalculable d'hommes (et de femmes), dont l'aviateur Roland Garros et le poète Sergueï Essenine. En septembre 1927, en séjour à Nice pour un gala, elle

tourne la tête d'un jeune mécano de trente ans son cadet. Le 14 septembre, celui-ci l'emmène faire un tour à bord de son Amilcar décapotable. « Profitez de la vie, je file vers la gloire et l'amour... » lance-t-elle à ses amis réunis. Là, sur une route sinueuse de l'arrière-pays, le long châle noué autour du cou de la danseuse se prend dans les rayons de l'une des roues arrières... Isadora est projetée en l'air, comme elle savait si bien le faire sur scène de son vivant, – mais là, hors de la voiture. Elle meurt sur le coup, étranglée et les cervicales brisées.

Bogdanov (Alexandre Malinovski dit, 1873-1928) Médecin russe qui eut droit à des funérailles grandioses après avoir eu maille à partir avec le pouvoir soviétique, Alexandre Bogdanov décida un jour de se consacrer uniquement à la médecine, et en particulier au domaine de la transfusion sanguine. Fervent adepte, il espérait par cette pratique répétée atteindre la jeunesse éternelle – ou tout au moins un rajeunissement significatif. Une transfusion de trop – celle de sang prélevé sur un étudiant atteint de paludisme et de tuberculose ! – sera fatale au médecin tête en l'air, dont l'apport scientifique réel n'a par ailleurs pas laissé un grand souvenir...

Pascin (Jules, 1885-1930) : Le suicidé opiniâtre (III) Peintre et dessinateur d'origine bulgare, Julius Pinkas (dit Pascin) meurt à Paris, le 2 juin 1930, rongé par l'alcool – et doutant de son art depuis toujours... Le jour même du vernissage de son exposition à la galerie Georges, qui devait lui amener de nouveaux succès, il se suicide dans son atelier du 36, boulevard de Clichy. S'étant ouvert les veines des deux bras, la mort ne venant pas il se pend alors avec une ficelle à la... poignée de sa porte d'entrée. Peut-être que l'alcool aidant, il ne s'était pas rendu compte qu'il était en position assise. Bref, au bout du compte, c'est la nuque brisée et non de strangulation qu'il mourra... Le Paris des arts est consterné et, le jour de ses funérailles, nombre de galeries fermeront en l'honneur de cet artiste fragile certes, mais de talent.

Toussaint (Edmond, 1849-1931)
Modeste employé de commerce, fils d'un facteur rural, volontaire pendant la Commune de Paris de 1871, Toussaint fut longtemps un militant modèle – en particulier au Parti ouvrier socialiste révolutionnaire de Jean Allemane. Début de dérive : en 1893 il est élu député de la Seine, mettant ainsi un pied dans l'engrenage... Plus tard et progressivement, il renie ses origines et se convertit en bon bourgeois, propriétaire foncier désormais uniquement poussé par l'appât du gain. Car Toussaint est devenu riche à millions... Et radin avec ça ! A tel point qu'un jour, ayant refusé de faire des travaux de plomberie dans son appartement, il meurt asphyxié par la tuyauterie vétuste... Déchéance d'un militant modèle, ouvrier altruiste un temps préoccupé du sort des autres – et qui aura viré pingre.

Byers (Eben, 1880-1932)
Industriel américain et ancien champion de golf, Eben Byers est connu pour avoir été la plus célèbre victime du Radithor, un prétendu médicament (à base de radium et d'eau distillée) censé guérir les états de fatigue et d'impuissance sexuelle. Ce type de « traitement » connaissait une certaine popularité dans les années 1920, sous le nom de « radiothérapie douce », thérapie qui semblait donc avoir séduit l'impétrant. Le 31 mars 1932, celui-ci décède de plusieurs cancers dus à une sévère exposition à l'élément chimique fatal. Ben oui, c'est ballot mais le radium a provoqué chez Byers la perte de toutes les dents et d'une partie de sa mâchoire inférieure, en plus de développer un abcès cérébral. Le pauvre, victime de charlatanisme scientifique, fut enterré dans un cercueil de plomb. En 1965, ses restes ont été exhumés pour analyse : ils se sont révélés encore très radioactifs, au point de refermer illico presto la bière blockhaus.

Koenecke (Len, 1904-1935)
Joueur de base-ball américain d'origine allemande, mais en ce soir de septembre 1935 saoul comme un Polonais (946 ml de Whisky ingurgité dira l'enquête), Len Koenecke décide de prendre le contrôle de l'avion qu'il vient de louer pour rejoindre son équipe des Dodgers. Provoquant une altercation puis une bagarre avec un passager, il fait perdre son calme au pilote qui décide alors de passer à l'action : ayant confié le manche à balai

à son copilote, celui-ci déboule à la rescousse, s'empare d'un extincteur de service et assomme violemment Koenecke. On ne sait si le joueur est mort en vol ou après son arrivée à l'aéroport de New York.

Sanjurjo (José, 1872-1936)
Général espagnol connu pour son coup d'État manqué de 1932 et sa participation au soulèvement militaire de juillet 1936, il meurt d'un trop plein de vanité, dans le crash de l'avion qui doit le ramener de son exil portugais. Car, le 20 juillet 1936, le vaniteux factieux José Sanjurjo avait exigé d'embarquer avec sa malle bourrée d'uniformes – malle pourtant jugée trop lourde par le pilote –, ceci afin de pouvoir parader pendant les cérémonies à venir : inévitablement, le biplan s'écrase en bout de piste et tue le vaniteux paon galonné. Alors qu'il y avait tout lieu de penser qu'il serait appelé à diriger le camp nationaliste, la place est dorénavant libre pour un certain autre prétendant, plus jeune et plus prudent...

Durruti (Buenaventura, 1896-1936)
Militant anarcho-syndicaliste, combattant antifranquiste, cette figure emblématique du mouvement libertaire espagnol meurt dans des circonstances obscures, sur le front de Madrid. Est-ce vraiment une balle adverse qui l'a tué ? Les « alliés » communistes font plutôt courir le bruit qu'il aurait été abattu par un de ses propres hommes, en raison d'un supposé « autoritarisme ». Mais

pour beaucoup de véritables historiens, la thèse de la responsabilité d'agents staliniens alliés à une CNT phagocytée par Moscou, ne fait pas le moindre doute... Les trous que l'on retrouvera sur la chemise de Durruti semblent eux, peut-être, confirmer un coup fatal tiré de très près, par derrière – soit un banal accident, en maniant sa propre arme ? Un mystère toujours non résolu en tout cas. Ironie de l'Histoire, Durruti succombe le jour même de l'exécution de José Antonio Primo de Rivera, le fondateur du Parti Phalangiste adverse, – et trente-neuf ans jour pour jour avant un certain... Francisco Franco.

Johnson (Robert, 1911-1938)
Robert Johnson, le légendaire guitariste et chanteur de blues, meurt à l'âge de 27 ans, premier musicien à inaugurer le mythique « Club des 27 ». Les circonstances de son décès restent enveloppées de mystère. Selon certaines sources, il aurait été empoisonné par un mari jaloux, après qu'il ait un peu trop flirté avec l'épouse de ce dernier ; selon d'autres de mort « naturelle », suite à une consommation excessive de boissons alcoolisées ; et pour d'autres encore pour avoir pactisé avec le Diable à un *crossroad*, lequel Diable lui aurait tout enseigné de sa stupéfiante technique guitaristique... La légende est d'autant plus sujette à caution que ce génie du blues a une sépulture à son nom à trois endroits différents de l'État du Mississippi (Greenwood, Morgan City et Quito) !

Sari (Sirkka, 1920-1939)
L'actrice finlandaise Sirkka Jahnsson, alias Sirkka Sari, 19 ans et déjà une célébrité dans son pays, participe à une fête de tournage. Ayant décidé d'aller admirer le ciel étoilé sur le toit-terrasse de l'hôtel où l'équipe loge, elle grimpe sur une échelle et, croyant être arrivée à bon port, va tomber de haut... Jugez plutôt : elle tombe sur une cheminée, qu'elle n'a pas identifiée comme telle, et dans laquelle elle va, au sens propre cette fois-ci,... tomber. 30 mètres plus bas, Sirkka atterrit sur le plancher des vaches et n'aura jamais l'occasion de terminer le film qu'elle était en train de fêter (*Rikas tyttö*, pour la petite histoire) – ni d'en tourner plus aucun autre d'ailleurs.

Anderson (Sherwood, 1876-1941)
L'écrivain américain Sherwood Anderson, en croisière sur un bateau en route pour l'Amérique du Sud, sirote tranquillement son cocktail. Terrible erreur : il meurt d'une péritonite, les intestins perforés par un fatal cure-dent – qu'il avait malencontreusement ingurgité en même temps que cette délicieuse petite olive verte là, tout au fond du capiteux breuvage...

Woollcott (Alexander, 1887-1943)
Le critique d'art dramatique américain Alexander Woollcott décède pratiquement en direct, à la radio, alors qu'il participe à une émission, à propos d'Hitler et de la guerre mondiale en cours. Tout en soutenant que

les Allemands ne sont en rien responsables de celle-ci, il n'arrête pas de se plaindre de malaises continuels. « L'Allemagne est-elle incurable ? » était donc le thème de l'émission du jour… Bon, l'Allemagne, on ne sait pas, mais Woollcott, lui, ne l'est plus. Transporté en urgence à l'hôpital Roosevelt de New York, il décède peu après, d'un infarctus – peut-être dû au côté anxiogène du sujet traité ?

St-Exupéry (Antoine de, 1900-1944)
Voir Bierce (Ambrose).

Midgley (Thomas, 1889-1944)
Inventeur, chimiste, Thomas Midgley s'étrangle – accidentellement – avec une des cordes du lit mécanique que cet ingénieux ingénieur, entrepreneur entreprenant, vient de confectionner. Celui-ci était censé lui faciliter la vie, Midgley étant affecté de poliomyélite depuis cinq ans, et ayant de plus en plus de mal à se mouvoir. On ne sait pas vraiment comment il a fait son compte, mais le fait est que Midgley n'aura dorénavant plus jamais besoin d'aucune de ses géniales inventions.

Daghlian (Harry K., 1921-1945)
Le scientifique Harry K. Daghlian, Jr., tandis qu'il travaille sur le projet de bombe atomique Manhattan, fait tomber une brique de carbure de tungstène sur un bloc de plutonium, provoquant ainsi la mise en masse critique de l'ensemble. Fatale étourderie. Harry Daghlian meurt

rapidement (le 15 septembre 1945), du syndrome d'irradiation aiguë. Il devient ainsi la première personne victime d'un accident radioactif, de son dévouement à la science – et de sa maladresse.

Patton (George, 1885-1945)
Célèbre général américain héros de guerre, connu pour ses victoires en Afrique et en Europe au cours de la Seconde Guerre mondiale, le terrible Patton meurt, en Allemagne, lors d'un banal accident de la circulation. Suite à un stupide refus de priorité, il est heureusement la seule victime du choc entre sa jeep et un autre véhicule. *Poor Georgie,* et en plus ce n'était pas lui qui conduisait...

Vollmer (Joan, 1923-1951)
Épouse du futur écrivain américain William S. Burroughs, elle décède d'une hémorragie cérébrale consécutive à la réception, pleine tête,… d'une balle tirée par sa tendre moitié. Tentative ratée d'un irresponsable alcoolisé et drogué d'imiter Guillaume Tell – en fait, on avait là affaire à deux irresponsables, Vollmer étant tout autant imbibée que son dingo de mari. Après le revolver qui a remplacé l'arbalète, c'est la tête de Joan qui a fait office de pomme helvète. Burroughs sortira de l'expérience traumatisé – puis se lancera dans l'œuvre déjantée à succès que l'on connaît. Un mal pour un bien ?

Staline (Iossif Djougachvili dit, 1878-1953)
Le maître du Kremlin se sent d'humeur joviale, ce

samedi 28 février 1953. Il a invité à dîner, dans sa datcha de Kountsevo, ses quatre plus proches collaborateurs : Beria, vice-Premier ministre et coordinateur des services de sécurité, Krouchtchev, responsable du Parti communiste pour Moscou et sa région, ainsi que Malenkov et Boulganine, tous deux membres du Politburo. Très arrosé, le repas se prolonge tard dans la nuit. Vers cinq heures du matin, passablement ivre, le bon Joseph raccompagne ses convives à la porte. Puis il va se coucher. Quand sonne midi, les gardes s'étonnent de ne pas être appelés pour le petit déjeuner, mais le protocole de sécurité leur interdisant de pénétrer dans son espace de vie sans y avoir été invités, ils continuent d'attendre. L'après-midi passe, puis la soirée, sans que le maître des lieux ne se manifeste... Vers 22 heures, les gardes finissent par demander à la femme de chambre de pénétrer dans les appartements et voir de quoi il retourne. Cette dernière découvre alors le *Vojd* ("Guide") gisant sur le sol, inconscient, son beau pyjama de satin trempé d'urine. Trois jours auront passé, durant lesquels les enfants terrorisés du « Petit Père des Peuples » n'auront pas osé intervenir.

<u>Dean</u> (James, 1931-1955)
En ce 30 septembre 1955, l'enfant terrible d'Hollywood file sur la route de Salinas, à bord de son bolide, une Porsche 550 Spyder 12. À la hauteur de la petite bourgade de Cholame, il aperçoit à l'horizon un véhicule qui

semble ralentir, à un croisement... Malgré le soleil aveuglant, Dean prend le pari que le conducteur va s'arrêter ; mais le choc, bien réel, est terrible et tue instantanément l'acteur prodige de 24 ans. Ironie du sort prémonitoire, Jimmy venait de tourner, quelques jours plus tôt, un spot de prévention de la sécurité routière, concluant dans un trait d'humour noir : « Roulez moins vite sur la route, c'est peut-être moi que vous pourriez trouver en face... » L'acteur comète de *La Fureur de Vivre* inaugurait ainsi la malédiction : celle d'un film où les deux autres rôles principaux trouveront la mort comme lui, dans des circonstances dramatiques (Natalie Wood, par noyade en 1981 ; Sal Mineo, par meurtre en 1976).

Curnonsky (Maurice Edmond Sailland dit, 1872-1956)
« Prince des gastronomes », romancier, humoriste et critique culinaire, Edmond Sailland dit Curnonsky (un jeu de mot potache à base de citation latine et de terminologie polonaise) meurt d'une banale chute, depuis la fenêtre de son appartement parisien. Ce bon vivant de plus de 120 kilos, amateur de grands crus mais aussi d'absinthe, est tombé trois étages plus bas, victime de ses excès – et, on aurait aimé, après un dernier de ses bons mots : « J'ai trop d'urée, j'ai trop duré. »

Franklin (Rosalind, 1920-1958)
Physico-chimiste britannique pionnière de la biologie moléculaire, elle formule la première, dans un rapport

non publié, la structure hélicoïdale de l'ADN. Mais Franklin meurt subitement d'un cancer des ovaires, probablement lié à l'exposition aux radiations, lors de ses recherches. En 1962, étant décédée mais alors que le prix Nobel peut encore lui être décerné à titre posthume, Watson, Crick et Wilkins obtiennent ledit prix, s'étant largement appuyés sur les travaux de Rosalyn, dérobés à son insu. Si Wilkins remercie Rosalind Franklin, ni Watson ni Crick ne la citent, ni ne reconnaissent son rôle. Dix ans plus tard, ce même Watson, dans son livre *La Double Hélice*, minimise encore le rôle de celle-ci, la décrivant même comme une personne acariâtre. Il finira tout de même par reconnaître, dans une interview de 2003, « que Rosalind Franklin aurait également mérité le prix Nobel ». De la petitesse de certains scientifiques et des institutions afférentes...

Vian (Boris, 1920-1959)
Le 23 juin 1959, l'enfant terrible de l'existentialisme germanopratin assiste à la première du film *J'irai cracher sur vos tombes*, adapté de son roman à succès/scandale paru sous pseudonyme, treize ans plus tôt. C'est en visionnant les premières minutes de cette adaptation, « affligeante » selon lui, qu'il s'effondre sur son siège, dans la salle de projection. L'écrivain, musicien, poète, critique musical, pataphysicien et directeur artistique (découvreur, entre autres, de Serge

Gainsbourg) meurt à 10h10, d'une crise cardiaque répétée, pendant son transport à l'hôpital.

Warren (Leonard, 1911-1960)
Le chanteur baryton américain Leonard Warren s'effondre sur la scène du Metropolitan Opera de New York, ce 4 mars 1960, alors qu'il interprétait l'opéra de Verdi *La Forza del Destino.* Sacré destin, en effet… La dernière ligne qu'il chanta fut « Morir ? Tremenda cosa... » (« Mourir ? Une chose terrible... »), quand d'autres témoins affirment qu'il aurait plutôt fini sur ces derniers mots : « Gioia, o gioia ! » (« Joie, oh joie ! »). Quoiqu'il en soit, le fait est que lui est bien mort sur scène, au contraire de notre Molière national qui est décédé juste après une représentation du… *Malade Imaginaire.*

Stacey (Alan, 1933-1960) & Bristow (Chris, 1937-1960)
Pilote anglais, Alan Stacey meurt lors du Grand Prix de Belgique, après avoir été heurté de plein fouet, et en plein visage, par un oiseau qui passait par là… Loi des séries, l'accident intervient juste après qu'un autre coureur (l'espoir britannique Chris Bristow) se soit tué, littéralement décapité par les barbelés de la clôture sur lesquels ils venait de se crasher. Quand ça veut pas, ça veut pas...

Rockefeller (Michael, 1938-1964)
Voir Bierce (Ambrose).

Carette (Julien, 1897-1966)
Célèbre figure du titi parisien au cinéma (*La Grande Illusion, La Bête Humaine, La Règle du Jeu*...), en 1966 Carette est devenu quasi impotent, des suites de complications dues à l'arthrose. Un soir, assoupi dans son fauteuil, il laisse échapper sa cigarette sur le plaid posé sur ses jambes. Laquelle couverture prend feu, suivie de près par notre comédien – et le reste de l'appartement. Carette meurt peu après à l'hôpital – comme quoi, oui, le tabac c'est mauvais pour la santé.

Fernandes (Luciano, 1940-1966)
Fin 1966, les joueurs du Benfica Lisbonne sont invités à tester un bain tourbillon, dernier cri de la marque Whirlpool. La star portugaise Eusebio et six de ses coéquipiers se jettent à l'eau... et sont tous électrisés, pris qui de convulsions, qui d'évanouissements. Luciano Fernandes meurt lui sur le coup, littéralement électrocuté dans le fatal jacuzzi (il était le seul en immersion totale). Le Benfica finira la saison affublé d'un brassard noir, pour lui rendre hommage.

Mansfield (Jayne, 1933-1967)
Actrice américaine et Playmate en chef(fe), sex-symbol des années 50-60, Jayne Mansfield a rapidement gagné le surnom d'« idiote blonde la plus intelligente », tant elle savait jouer sur un registre qui ne lui correspondait en rien... Elle participe au mythique *La Blonde et Moi*

(1956) et à la gentille comédie érotique *Promises ! Promises !* (1963), devenant ainsi la première grande actrice américaine à apparaître nue dans un film post-ère du muet. La plantureuse Jayne décède dans un accident de la route à Slidell (Louisiane), décapitée selon une légende tenace, mais en fait seulement – si l'on peut dire... – victime d'un écrasement de la boîte crânienne (sa voiture s'étant encastrée sous un poids lourd).

Jones (Brian, 1942-1969)
Le lutin blond fondateur des Rolling Stones, multi-instrumentiste prodige et icône dandy des Swinging Sixties, meurt subitement dans la nuit du 3 juillet 1969 – mais pas de sa belle mort... En effet, ce natif du signe du Poissons – qui plus est dans la vie excellent nageur –, fut retrouvé noyé dans la piscine de son cottage de Hartfield, Sussex, à 27 ans seulement. L'enquête concluant à une mort accidentelle ne convaincra jamais personne, ni les membres du groupe, ni la petite amie de Jones, présente ce soir-là. En effet, après deux années d'errance (de plus en plus isolé au sein des Stones, Brian venait juste d'en être viré), celui-ci semblait maintenant remonter la pente et retrouver l'enthousiasme d'antan. Les circonstances réelles de sa mort restèrent donc nimbées de mystère – pendant près de 25 ans, jusqu'en 1993... En fait, Brian semble avoir été victime d'une dispute avec des ouvriers (qui à l'époque travaillaient dans sa propriété), laquelle dispute aurait dégénéré en

homicide (un certain Frank Thorogood avouera en novembre 1993, sur son lit de mort, avoir maintenu la tête de Brian sous l'eau, dans un petit jeu pervers qui aurait mal tourné). Le petit Lord de Cotchford Farm, musicien surdoué pour les uns, gentryman arrogant pour d'autres, aurait donc fait les frais d'un conflit avec des gens frustes et un peu susceptibles... Ah ben, si on ne peut plus faire confiance à ses gens de maison !

Flynn (Sean, 1941-1970)   Voir Bierce (Ambrose).

Hendrix (Jimi, 1942-1970)   Voir Bonham (John).

Mishima (Yiukio, 1925-1970)
L'écrivain japonais Yukio Mishima se tue le 25 novembre 1970, suicidé par seppuku (hara-kiri), une forme de suicide rituel local. Après avoir harangué des soldats des Forces japonaises d'autodéfense (un groupe de paramilitaires d'extrême-droite) et devant le peu d'enthousiasme qu'il suscite auprès de ses auditeurs, ni une ni deux Mishima s'ouvre – stoïquement – l'abdomen. Pour couronner le tout, il termine son show après avoir été décapité par un disciple, à qui il avait laissé ses dernières instructions, dans une dernière séquence de pathos fascistoïde grandiloquent à la sauce nippone... Yiukio Mishima : le putschiste dépité.

Morrison (Jim, 1943-1971)
Le leader charismatique des Doors décède brusquement

le 3 juillet 1971, à Paris ; officiellement d'une crise cardiaque, il aurait été retrouvé mort dans la salle de bains de son appartement, par sa petite amie Pamela... Que nenni, en fait le chanteur américain aurait fait l'objet d'une mise en scène particulièrement macabre, à la sortie d'un night-club parisien, dans la nuit du 2 au 3. La veille, pressé par sa dulcinée de lui trouver de l'héroïne au plus vite, Morrison aurait – dans un accès de désespoir mêlé de forfanterie – décidé de tester la chose par lui-même, avant que de la fournir à sa tendre moitié. Mal lui en prit car la drogue, particulièrement pure, va vite faire son effet... Et il s'écroule dans les toilettes du Rock'n'Roll Circus, une boîte branchée du quartier de l'Odéon. Sam Bernett, le propriétaire des lieux, le racontera, en 2007, dans son livre *The End, les derniers jours de Jim Morrison* : pris de panique, il décida tout de go de faire transporter Jim dans son appartement du Marais jusqu'à ce que, reconstitution finale, on s'empresse de l'allonger dans la salle d'eau, pensant peut-être ainsi le réanimer... Peine perdue, car c'en était déjà fini du Roi-Lézard. Le chanteur-poète était passé de l'autre côté un peu plus tôt, et il trônait maintenant tel un Marat rock dans la baignoire de son exil parisien, un mystérieux sourire au coin des lèvres.

<u>Harvey</u> (Les, 1944-1972)   Voir Relf (Keith).

Valyi (Peter, 1919-1973)
En ce beau jour du 15 septembre 1973, l'ingénieur chimiste et homme politique hongrois Peter Valyi est convié à visiter un des fleurons de l'industrie magyar, l'usine Lénine de Miskolc. Dans son enthousiasme – feint ou pas (Valyi est connu pour être un dirigeant critique du régime, partisan de réformes) –, il manque de prudence, s'extasie, s'approche trop du rebord d'une cuve géante… et tombe dedans, accompagné par le directeur de l'usine qui tentait de le rattraper ! Sorti avec difficulté de l'immense creuset empli de fonte incandescente, Valyi mourra des suites de ses blessures, trois jours plus tard, dans d'atroces souffrances. On dit que le KGB du grand frère soviétique ne serait pas pour rien dans la chute du vice-Premier ministre. (Euh, Vladimir P., déjà !?)

Rostill (John, 1942-1973)   Voir Relf (Keith).

Converse (Connie, 1924-1974)   Voir Bierce (Ambrose).

Daniélou (Mgr. Jean, 1905-1974)
Ce lundi 20 mai 1974, un homme gît, raide mort, dans un appartement de la rue Dulong, à Paris. À 69 ans, c'est tout sauf un quidam, en fait un célèbre théologien nommé cardinal cinq plus tôt. Le 26 mai, Mgr Daniélou est inhumé en grande pompe à Notre-Dame. Dans son homélie, un prêtre lui rend hommage : « C'est dans l'épectase de l'apôtre qu'il est allé à la rencontre du Dieu

vivant ». Le terme renvoie certes aux travaux de Daniélou sur le platonisme et la « théologie mystique », mais rime surtout avec… extase. Les gens et la presse sont médisants : le 29 mai, le *Canard Enchaîné* déchaîné prend l'affaire au vol, révélant que le brave Daniélou n'est pas mort chez des amis ou dans la rue, mais « dans l'appartement d'une dame S., gente blonde de 24 ans, travaillant dans un cabaret de nuit ». Et le voilà renvoyé à de très petites vertus cardinales. L'Église, paniquée, tentera de faire bloc pour défendre la réputation du cardinal à la soutane légère, jusqu'à ce que, finalement, le scandale fleuri se fane doucement, faute d'enquête… Monsignore – qui avait écrit, cinq ans avant plus tôt, qu'il comprenait « certains prêtres sensibles à la beauté, au charme d'une femme, (…) un don de Dieu », est parti au 7ème ciel, avec ses secrets – de polichinelle.

Chubbuck (Christine, 1944-1974)
Reporter américaine soit en quête de scoop, soit dépressive, soit les deux, elle se suicide en direct, en plein milieu de son talk-show télévisuel. Plus enthousiaste et joyeuse qu'à l'accoutumée, elle avait démarré son émission quand soudain, au bout de huit minutes, elle sortit un revolver de son sac, se tira une balle derrière l'oreille droite, puis s'affaissa sur le bureau derrière lequel elle était assise... La production, prise un moment de court, va rapidement enchaîner sur un

brusque fondu au noir, puis sur la diffusion d'un film – moins noir celui-là.

<u>Mama Cass</u> (Ellen Naomi Cohen dite, 1941-1974)
Une légende urbaine tenace voudrait que la chanteuse du groupe californien The Mama's and Papa's serait morte de l'ingestion gloutonne d'une tranche de pain de mie arrosée de boisson gazeuse – le tout en position couchée... Fatale initiative quand on sait que la chanteuse avait toujours eu des problèmes de poids. Connue pour son sens de l'humour et son optimisme, on gagera que la diva sixties aurait apprécié l'anecdote qui semble pourtant bien être un *fake* : un rapport final montrera que Mama Cass venait justement de perdre plus de quarante kilos en six mois, et qu'elle serait en fait décédée d'un banal arrêt cardiaque (peut-être précisément consécutif à ce régime drastique). Pour la petite histoire, Keith Moon, le mythique batteur des Who, décédera dans la même pièce du même appartement, des suites – on en est sûr, là – d'abus alcoolo-toxicologiques... Aucun sandwich entamé ne fut retrouvé près de lui.

<u>Mitsugoro VIII</u> (Bando, 1906-1975)
Un beau jour de janvier 1975, l'acteur japonais et vedette du théâtre kabuki, dîne dans un restaurant de Kyoto. Il commande quatre portions de fugu kimo, le foie du tétraodon, un plat dont la vente est interdite par

les règlements locaux du fait de sa forte toxicité. Prétendant qu'il pourra survivre au pois(s)on, il mange le tout et décède, retour à sa chambre d'hôtel, après sept heures de convulsions entrecoupées de paralysies. (Au fait : « VIII », pour huitième d'une lignée d'acteurs ? Aucune idée… – NdA.)

<u>Buckley</u> (Tim, 1947-1975)   Voir Buckley (Jeff).

<u>Bode</u> (Vaughn, 1941-1975)
Dessinateur underground américain, Bode décède pendant une expérience d'auto-pendaison, à but – euh – érotique... Son œuvre, paradoxale par rapport à son vécu final, est une vision philosophique un brin candide des rapports entre hommes et femmes. Elle ne sera reconnu qu'après son ultime expérience hardcore.

<u>Mineo</u> (Sal, 1939-1976)   Voir Dean (James).

<u>Relf</u> (Keith, 1943-1976)
Les Yardbirds, une référence pour les fans de rock sixties... Pensez, un groupe au sein duquel Eric Clapton, Jeff Beck et Jimmy Page ont officié à la guitare ! Keith Relf, le chanteur et joueur d'harmonica, n'a lui pas eu la même carrière. D'autant qu'elle s'est interrompue assez prématurément. Le musicien a tout juste 33 ans quand, le 12 mai 1976, il rentre chez lui, à Londres, et rejoint son studio de musique aménagé dans la cave. Là, il se met à l'aise, pieds nus – fatale erreur –, allume son ampli,

empoigne sa guitare électrique... et meurt foudroyé. Savait-il que son ampli n'était pas raccordé à une prise de terre ? Que l'un des fils était dénudé ? Et que sa constitution fragile ne lui laissait aucune chance face à une telle décharge électrique ? Danny, son fils de 8 ans, le découvrira inanimé le lendemain matin. (N.B. : il était arrivé la même mésaventure à John Rostill, le bassiste historique des Shadows, trois ans plus tôt, exactement dans les mêmes circonstances ; et à Les Harvey, le guitariste de Stone the Crows, en 1972, à ceci près que pour lui le tout s'est passé sur scène...)

Pryce (Tom, 1949-1977)
Le coureur gallois Tom Pryce meurt lors du Grand Prix d'Afrique du Sud, après avoir fauché accidentellement un commissaire de piste. Ce dernier est tué sur le coup – ainsi que Pryce, qui reçoit en pleine tête l'extincteur dudit commissaire venu éteindre le début d'incendie d'une voiture arrêtée sur le bas-côté... Tragico-comique.

Presley (Elvis, 1935-1977)
L'icône américaine décède dans la nuit du 16 août 1977, à l'âge de 42 ans. Retrouvée inconsciente en son domaine de Graceland, la cause de sa mort serait due à une crise cardiaque, probablement liée à une consommation – récurrente et excessive – de médicaments. Le jeune gars pétri de talent de Tupelo termine donc sa carrière en poussah bouffi, Roi du Rock assis sur le

trône... de sa salle de bains. Littéralement tué par des médecins complaisants, et cette « Mafia de Memphis », bande de faux-amis flatteurs et toxiques tout juste intéressés à maintenir la machine à cash.

Goscinny (René, 1926-1977)
En 1977, René Goscinny est un homme stressé, sous pression. Scénariste à succès (*Lucky Luke*, *Astérix*), il vient de produire son premier dessin animé et travaille sur un projet de film, avec Pierre Desproges... Ayant par ailleurs quitté la rédaction en chef du journal *Pilote,* dans un climat délétère qui l'a profondément affecté, il est de plus entré en conflit avec son éditeur. Bref : Goscinny n'a que 51 ans mais sa santé est mise à mal. Son cardiologue le reçoit alors, pour un simple check-up. Très naturellement, il lui demande de monter sur un vélo d'appartement. Un banal test d'effort. Le scénariste commence à se plaindre d'une douleur au bras, mais le médecin l'encourage à continuer à pédaler, plus vite, plus fort... Quinze secondes plus tard, Goscinny s'écroule, victime d'un arrêt cardiaque. Heureusement pour le fatal cardiologue, une pathologie découverte « rétroactivement » lui sauvera la mise, lui et sa réputation...

Gödel (Kurt, 1906-1978)
Mathématicien et logicien austro-américain, prometteur puis reconnu, Kurt Gödel va progressivement sombrer

dans la folie, convaincu de l'existence d'un complot visant à l'empoisonner. Car cet ami et confrère d'Albert Einstein souffre de paranoïa aiguë, refusant de consommer toute nourriture qui n'aurait pas été préparée par sa chère et tendre épouse. Après que celle-ci ait été hospitalisée et puisque plus personne ne peut lui préparer ses petits plats, il se laisse littéralement mourir de faim, jusqu'à « atteindre » 29 kg.

Kath (Terry, 1946-1978)
Terry Kath, musicien, chanteur et cofondateur du groupe Chicago, meurt le 23 janvier 1978, à l'âge de 31 ans. Durant une fête alcoolisée, après un pari stupide et malgré les objurgations de ses amis présents, il veut faire le malin... et se tire une balle en pleine tête. Il meurt instantanément, victime de cette passion typiquement états-unienne pour les armes à feu. Terry Kath : le guitariste américain qui jouait aussi de/à la roulette russe.

François (Claude, 1939-1978)
Bête de travail, chanteur pour minettes aux mélodies sirupeuses et aux rythmes discoïdes, l'enfant d'Alexandrie (« … Alexandra » !) nous a quitté un jour de mars 1978. Funeste journée où le Cloclo à ses Clodettes, maniaque de l'ordre et du détail, avait décidé de remettre d'aplomb une applique murale... tout en prenant un bain. Erreur fatale, l'électrocution provoque un œdème pulmonaire et

c'en est fini du chanteur « mal-aimé », lequel s'est peut-être dit, dans un dernier souffle, « Ah, si j'avais un marteau... » Ironie du sort, un électricien était passé le mardi précédent mais n'avait pu accéder à la salle de bains : il aurait fallu, pour cela, qu'il traverse la chambre dans laquelle dormait le chanteur, ce qui était exclu – celui-ci ayant laissé des ordres très (trop !) stricts la veille...

Moon (Keith, 1946-1978)   Voir Mama Cass.

Parker (Janet, 1938-1978)
Photographe médicale américaine victime de la variole, suite à une erreur de manipulation en laboratoire. C'est la dernière personne à succomber à cette maladie, laquelle venait d'être presque complètement vaincue en Occident (l'éradication mondiale globale sera officialisée en décembre 1979). *Too bad, too soon.*

Williams (Robert, 1953-1979)
Cet ouvrier d'une usine Ford du Michigan est le premier homme à succomber à un robot industriel (cf. Kenji Urada, *infra*). Il meurt après avoir été heurté, en pleine tête, par le bras métallique d'un robot récalcitrant. Retrouvé trente minutes plus tard, son corps était resté bloqué derrière une étagère, et ses collègues commençaient à s'inquiéter de la disparition. À raison donc – on ne tint d'ailleurs jamais rigueur à Robert de cette absence injustifiée...

Scott (Bon, 1946-1980)   Voir Bonham (John).

Barthes (Roland, 1915-1980)
« Je crois que l'automobile est aujourd'hui l'équivalent assez exact des grandes cathédrales gothiques : je veux dire une grande création d'époque, conçue passionnément par des artistes inconnus, consommée dans son image, sinon dans son usage, par un peuple entier qui s'approprie en elle un objet parfaitement magique, (…) le mouvement même de la promotion petite-bourgeoise. » Cette analyse brillante du philosophe Roland Barthes – dans son *Mythologies* de 1957 – portait sur la DS, voiture mythique s'il en fût, en effet... Ce qui n'empêchera pas le sémiologue d'être fauché, par la bien plus prosaïque camionnette d'une entreprise de blanchissage, pile en face du Collège de France (où il professait). C'était le 25 février 1980 et Barthes mourra des suites de cet accident un mois plus tard.

Bonham (John, 1948-1980)
Légendaire *drummer* de Led Zeppelin, John Bonham est décédé le 25 septembre 1980, à l'âge de 32 ans. Il meurt asphyxié par son propre vomi, comme le chanteur d'AC/DC Bon Scott (19 février de la même année) ou Jimi Hendrix (dix ans plus tôt), étouffés eux aussi dans leurs propres déjections... Le monstrueux batteur était battu par un cocktail monstre – quarante shots de vodka en moins de quatre heures –, *too heavy* pour le musicien

au groove pourtant le plus lourd de l'histoire du rock. John Bonham : le batteur battu par ses propres excès.

Crash (Darby, 1958-1980)
Crash, de son vrai nom Jan Paul Beahm, porte enfin bien son nom en ce 7 décembre 1980. Le chanteur du groupe punk The Germs s'est littéralement écrasé en mettant fin à ses jours – surdose d'héroïne « intentionnelle » semblerait-il –, dans une maison du quartier Fairfax de Los Angeles. Si la notoriété était le but recherché, c'est raté : le lendemain 8 décembre, John Lennon – pointure légèrement plus élevée dans le gotha rock – décède à son tour, à l'autre bout du pays, en plein Manhattan new-yorkais (voir *infra*). Personne ne relèvera la disparition de Beahm/Crash... Doublé sur le poteau, Darby !

Lennon (John, 1940-1980)
En retraite des Swinging Sixties, le Beatle en chef est abattu par un psychopathe, Mark David Chapman, lequel trouvait que Lennon avait trahi la cause de la génération hippie... Quelle cause ?? En fait, plutôt celle d'un pauvre loser aigri qui n'avait jamais su trouver sa propre voie... L'ex-kid de Liverpool et de Hambourg, le rocker surréaliste plus célèbre que Jésus-Christ, finit en martyre – tué par cet ancien « disciple » converti en Judas, et qui a trahi pour trois deniers : la célébrité qu'il lui fallait atteindre coûte que coûte. Au pied du Dakota Building, John aurait pu se dire – avec George (Bernanos, pas

Harrison, uh, uh) : « Méfiez-vous des ratés : eux ne vous rateront pas ».

Marley (Bob, 1945-1981)
En cette fin d'année 1977 de gloire ascendante, Bob et son groupe de musicos jamaïcains décident de faire une pause dans la tournée européenne. Un break est prévu et un match de football organisé entre les Wailers et une équipe de journalistes musicaux français. Marley, fan de foot depuis toujours, se donne à fond et ne se plaint pas particulièrement lorsqu'il est taclé sur une action anodine. Il refuse tous soins médicaux et décide de laisser Jah et les préceptes du rastafarisme opérer par eux-mêmes... Mal lui en prend car la blessure apparemment légère se transforme rapidement en vilain hématome. Lequel hématome évolue vite en mélanome, puis en tumeur maligne – le pape du reggae continuant néanmoins de refuser toute intervention chirurgicale. Robert « Nesta » Marley mourra finalement d'un cancer généralisé. C'était le 11 mai 1981 – une disparition passée presque inaperçue en France…

Urada (Kenji, 1944-1981)
L'ouvrier Kenji Urada est tué par un robot industriel sur/avec lequel il travaillait, dans une usine Kawasaki du Japon. L'employé modèle – mais trop zélé – a sauté les barrières de sécurité, afin de tenter de réparer la machine défectueuse, machine dont les soubresauts chaotiques

l'ont poussé dans une autre machine, à broyer celle-là. *Les Temps Modernes* version gore... (Urada fut un temps, à tort, considéré comme le tout premier homme à avoir été tué par un robot – voir Robert Williams, *supra.*)

Keen (Kelly Lynn, 1978-1981)   Voir Mitchell (Taylor).

Wood (Natalie, 1938-1981)   Voir Dean (James).

Williams (Tennessee, Thomas Lanier dit, 1911-1983) Si comme le chantait en son temps un certain chanteur franchouillardo-rock, « on a tous en nous un peu de Tennessee », on peut aussi dire que Tennessee, lui, eut un jour autre chose en lui... Le 25 février 1983, l'écrivain décède, dans sa chambre new-yorkaise de l'Hôtel Élysée, étouffé avec le bouchon de son vaporisateur nasal – ou de sa bouteille de gouttes ophtalmiques, on ne sait trop... Le fait est que, bouteille ou vapo, le bouchon a été retrouvé dans le larynx de Williams ! L'abus de stupéfiants, l'état comateux et la profonde dépression dont souffrait le célèbre dramaturge américain semble avoir joué un rôle dans cette fin dramatique. Une fin à la hauteur des héros tourmentés de ses œuvres, avec certes une petite touche drolatique en plus.

Wertheim (Richard, 1923-1983)
Ce juge de ligne tennistique est mort après avoir reçu une balle (jaune, la balle), lors de la demi-finale du

tournoi juniors de l'US Open opposant Stefan Edberg à Patrick McEnroe (le frère du grand John). Cherchant à éviter un service du Suédois, il est touché et tombe à la renverse, se fracturant le crâne sur le sol en ciment... Le malheureux apprenti arbitre décède cinq jours plus tard, d'un hématome sous-dural.

Vrignault (Teddy, 1928-1984) Voir Bierce (Ambrose).

Gaye (Marvin, 1939-1984)
Le célèbre soulman américain décède – le 1er avril 1984, à la veille de son 45ème anniversaire –, abattu par son propre géniteur. Pasteur de son état, celui-ci ne supportait plus la carrière de son fils – à son goût trop engagée, politiquement parlant (abum *What's Going On*, 1971), et aux *lyrics* jugés trop « sensuels » (par exemple la chanson « Sexual Healing » de 1982). Marvin avait offert l'arme du crime à papa, en vue d'une réconciliation suite à toutes ces années de brouille. Ce que c'est que l'amour filial, tout de même...

Cooper (Tommy, 1921-1984)
Le 15 avril 1984, le magicien Tommy Cooper s'effondre en pleine représentation publique télévisuelle. Du fait du caractère humoristique des spectacles de l'*entertainer* gallois, connu pour rater délibérément ses tours dans un but burlesque et auto-parodique, la foule rit et applaudit à tout rompre... Elle ignore encore qu'elle vient en fait

d'assister au décès *live* du showman, foudroyé par une crise cardiaque. À son insu donc, cette fois-ci.

Hexum (Jon-Erik, 1957-1984)
Ce bellâtre mannequin – acteur de séries télévisées américaines – meurt après s'être tiré dessus, avec un pistolet chargé de cartouches à blanc... Eh oui, car ce qu'il ne savait pas, c'est que celles-ci utilisent une bourre constituée de ouate de papier ou de plastique. Or, lorsque la balle est tirée à bout portant, cette bourre est éjectée suffisamment violemment pour être mortelle, contre le crâne d'une personne par exemple. En l'occurrence ici : celui du beau Jon-Erik, qui a tiré à bout touchant...

Alexandrov (Vladimir, 1938-1985) & De Dieuleveult (Philippe, 1951-1985)   Voir Bierce (Ambrose).

Pastorius (John Pastorius III dit Jaco, 1951-1987)
Bassiste virtuose du jazz américain (Weather Report, Joni Mitchell, Herbie Hancock, John Densmore...), Pastorius décède après avoir été battu par le videur d'une discothèque de Fort Lauderdale, lequel videur s'obstinait à lui refuser l'entrée de l'établissement. Le musicien s'obstina lui aussi. Mais il était tombé sur un os, ou plutôt sur un as – de karaté en l'occurrence –, qui lui infligea une telle correction que son organisme déjà diminué – pneumonie, toxicomanie, faiblesse générale – ne put supporter. Un destin trash pour un musicien classieux.

Godwin (Michael Anderson Sloan dit, 1960-1989)
Le prisonnier américain Michael Anderson 'Godwin' Sloan mourut électrocuté... Non, pas sur la chaise létale ; mais en tentant de réparer les écouteurs branchés à sa télévision, et alors qu'il trônait sur les toilettes en métal – fatal conducteur – de sa cellule ! Ironie du sort, ce condamné pour meurtre devenu prisonnier modèle (deux diplômes universitaires obtenus pendant son incarcération) avait échappé à la chaise électrique – la vraie celle-là –, six ans plus tôt.

Bentzen (Ole, ?-1989) : Mort de rire (VII)
En 1989, cet orthophoniste danois meurt – littéralement – de s'esclaffer. En regardant le long métrage *Un Poisson nommé Wanda,* après que son cœur ait battu entre 250 et 500 pulsations par minute, le malheureux succombe à un arrêt cardiaque, en pleine extase zygomatique. Faut dire qu'un film avec les génies humoristiques pythoniens John Cleese et Michael Palin, on aurait pu s'y attendre…

Kahn (Alain, 1944-1990)   Voir Bierce (Ambrose).

Bators (Steven Bator dit Stiv, 1949-1990)
Chanteur punk américain connu pour son travail avec les groupes Dead Boys et Lords of the New Church, Bators est décédé le 3 juin 1990 à Paris, heurté par un taxi à qui il n'avait pourtant rien demandé, même pas une course. Après l'accident, refusant d'être conduit à l'hôpital pour

y être examiné, il rentre chez lui – et décède peu après, de ses blessures. Ses cendres seront en partie dispersés au Père-Lachaise, sur la tombe de Jim Morrison, son idole de toujours... Une autre petite partie d'icelles étant sniffée par sa dulcinée parisienne, une certaine Caroline Warren, laquelle voulait garder un dernier souvenir de Stiv. Une fin truculente pour un chanteur excessif.

Burrus (Joseph W., 1958-1990)
En l'an de grâce 1990, ce prestidigitateur américain s'est mis en tête d'accomplir un tour de magie où il est censé se faire enterré vivant, dans une boîte en plastique recouverte de ciment. Ni une ni deux, le ciment écrase le plastique et Burrus meurt, asphyxié, – certes, pas de sa belle mort, mais bien plutôt de celle qu'il a provoquée...

Marriott (Steve, 1947-1991)
Guitariste et chanteur anglais, Steve Marriott meurt le 20 avril 1991 dans l'incendie de sa maison d'Arkesden, Essex. Le sinistre s'était déclaré suite à une cigarette négligemment laissée allumée, alors que le petit prince mod sixties (Small Faces, Humble Pie) s'était assoupi. Moralité de l'histoire : on peut certes fumer au lit, mais pas après avoir ingurgité forces alcools et substances illicites.

Lee (Brandon, 1965-1993)
Le 31 mars 1993, l'acteur, fils du célèbre kung-fu man Bruce Lee mort vingt ans plus tôt, décède après avoir

reçu un tir de revolver chargé de cartouches... à blanc. L'enquête révélera que, lors d'une précédente utilisation, le revolver avait été chargé avec des cartouches factices (balles réelles sans poudre), et qu'une de ces balles était restée dans le canon. La puissance de la balle à blanc ayant entraîné l'expulsion de la balle réelle bloquée, Lee meurt le soir même, à l'âge de 28 ans. Ironiquement, c'est « grâce » à ce tournage (*The Crow*) qu'il atteindra la célébrité – une notoriété... posthume donc.
(La même tragique mésaventure arrivera de nouveau, vingt-huit ans plus tard, sur le tournage du western *Rust*. L'acteur américain Alec Baldwin y déchargea un revolver, censé être chargé à blanc, sur la directrice de photographie Halyna Hutchins. Dans le procès à retentissement qui s'ensuivit, l'armurière préposée au film fut finalement la seule condamnée.)

Hoy (Garry, 1954-1993)
Ce notaire canadien de trente-neuf ans prétend un jour démontrer la solidité des vitres de l'immeuble du Toronto Dominion Centre, à de studieux stagiaires qui ont osé émettre des doutes. Il se jette alors violemment contre l'une d'elles et, en effet, elle ne se brise pas – mais se déloge carrément de son cadre... Aïe ouille, Hoy s'engouffre dans la béance, chute et s'écrase vingt-quatre étages plus bas.

Escobar (Andres, 1967-1994)
En 1994, pendant la Coupe du Monde de football, ce joueur colombien marque un but contre son camp – lequel but va entraîner l'élimination de son équipe. Retour au pays, il est assassiné, le 2 juillet, sur le parking d'un bar de Medellin ; le tueur aurait crié « goool !» (« but !») à chacun des tirs assassins... On dit aussi que le crime aurait été commandité par le cartel des jeux colombiens, mafia locale qui avait misé de fortes sommes sur une qualification de l'équipe nationale. Moralité : en Colombie, pas de pitié quand il est question d'argent – même pour un (autre) Escobar.

Edwards (Richey, 1967-1995)   Voir Bierce (Ambrose).

Buckley (Jeff, 1966-1997)
Aussi talentueux que son chanteur de père (Tim Buckley, lui-même déjà mort, en 1975, dans des circonstances tragiques : le « classique » mélange alcool-drogues dures), Jeff, auteur d'un unique album solo de son vivant (le bien nommé *Grace*), décède lors d'une baignade, près de Memphis. Dans la Wolf River, un affluent du Mississippi, ce soir d'été 1997 il a plongé tout habillé – pas de maillot de bains sous la main... –, tout en chantant la scie hard-rock de Led Zeppelin, « Whole Lotta Love ». La combinaison du poids des frusques de Jeff et de l'hymne « heavyesque » zeppelinien semblent s'être avérée trop lourde...

Emporté par les courants d'un bateau à aubes qui passait par là, le corps du charismatique chanteur, météorite musicale des années 90, ne sera retrouvé que six jours plus tard.

Abacha (Sani, 1943-1998)
Sani Abacha, né le 20 septembre 1943 à Kano et décédé le 8 juin 1998 à Abuja, était un général et homme d'État nigérian. Son règne fut marqué par la suppression des institutions démocratiques, la répression politique et des problèmes économiques continuels. Alors que le pays sombre dans la misère et la corruption, Abacha meurt d'une crise cardiaque (raison officielle), d'autres versions suggérant plutôt une overdose d'aphrodisiaque, le *sex addict* galonné ayant abusé de Viagra en compagnie de prostituées.

Hart (Owen, 1965-1999)
Lutteur canadien de son état, Hart meurt tragiquement le 23 mai 1999. Tentant une entrée spectaculaire et originale pendant une manifestation de la WWE à Kansas City (Missouri), il s'écrase lamentablement sur le sol. On ne sait trop si c'est lui qui a loupé la corde dont il devait se saisir ou si c'est l'équipement lui-même qui a lâché, le fait est que la chute, de plusieurs mètres, lui fut fatale. Le catcheur – trapéziste d'un soir – meurt un peu plus tard, des suites de ses blessures, ayant raté son entrée dans l'arène... et sa sortie finale.

Ducuing (Jean, 1937-1999)
Le 1er novembre 1999, Jean Ducuing, directeur du zoo de Pessac (Gironde), est tué par Komir, un hippopotame qu'il connaissait pourtant bien, puisqu'il l'avait lui-même dressé. Les employés du zoo considèrent que l'animal était « jaloux » du nouveau tracteur qu'utilisait un peu trop souvent son maître... Plus probablement, on suppose que le pachyderme aurait été rendu dingo par les bruits de moteur incessants de l'engin.

Johnson (Oliver, 1944-2002)
Musicien mythique et mythifié des amateurs de jazz, Oliver Johnson est ce batteur... battu à mort et retrouvé un beau matin inconscient, sur un banc du quartier parisien des Halles. Querelle d'ivrognes, de toxicomanes ou vengeance professionnelle ? On ne sait, le fait est que Johnson était autant adulé que honni dans le milieu musical, pour ses multiples et incessantes défections, et son je-m'en-foutisme en général... Mystère donc.

Wells (Brian Douglas, 1956-2003)
Destin tragico-comico-ubuesque que celui de ce livreur de pizza mort à la suite de l'explosion d'un collier piégé accroché à son cou. Les assassins, un temps ses complices, lui avaient promis que le mécanisme serait désactivé s'il jouait le rôle de victime et consentait à braquer une banque bien précise... Wells fut finalement arrêté par la police, mais le collier explosa, sa mort en direct étant re-

layée massivement par toutes les chaînes américaines – concept de télé-réalité arrivé à son summum de bêtise.

Sumner (Richard, 1956-2003)
Richard Sumner, artiste britannique dont on ne sait pas grand-chose part un jour dans une zone rarement visitée de la forêt galloise de Clocaenog, afin de se suicider. Profondément déprimé, en proie à des crises de schizophrénie récurrentes, il décide d'en finir, se menotte lui-même à un arbre et lance la clé hors de portée. L'enquête révélera que, ayant à nouveau recouvré ses esprits – la crise de démence passée –, Sumner avait essayé pendant des jours de se libérer, pour preuve le tronc de l'arbre lacéré à maints endroits. Mort de faim et de soif, son squelette a été découvert deux ans plus tard, par une randonneuse.

Nikaidoh (Hitoshi Christopher, ?-2003)
Hôpital St-Joseph, Houston (Texas, Usa) : les portes de l'ascenseur se sont refermées après que Mr. Nikaidoh y soit rentré. Enfin la tête surtout, car le reste de son corps est resté à l'extérieur de la cabine... Celui-ci sera retrouvé au fond de la fosse, et la partie supérieure de sa tête, coupée juste au-dessus de la mâchoire inférieure, dans la cabine. Le malheureux Nikaidoh exerçait, dans ce même hôpital, la profession de… chirurgien.

Abbott (Darrell, 1966-2004) : Le Molière du rock (I)
'Dimebag' Abbott, l'ancien guitariste de Pantera, est tué

le 8 décembre 2004, sur scène, en plein concert avec son nouveau groupe Damageplan (traduction littérale : « Plan désastreux »...) L'assaillant, un ancien marine de l'US Army, a tué en tout quatre personnes et blessé plusieurs autres, avant d'être abattu par la police. Geste incompréhensible, la seule chose que l'on sait de l'assassin est qu'il était... dépressif. Eh oui, ça s'passe comme ça dans le monde merveilleux du thrash metal.

Pinyan (Kenneth, 1960-2005)
Cet américain meurt des suites d'un rapport sexuel particulièrement violent... avec un étalon. Situation scabreuse et jugée unanimement scandaleuse, l'affaire entraînera la promulgation d'une loi réprimant la zoophilie et les vidéos associées (un « hobby » de la victime, ingénieur chez Boeing... et acteur pornographique à ses heures). Dans l'État de Washington, la pratique de cette perversion est dorénavant passible de cinq ans de prison.

Pichler (Joe, 1987-2006)   Voir Bierce (Ambrose).

Irwin (Steve, 1962-2006)
Steve Irwin est cet animateur australien, propriétaire de l'Australia Zoo de Queensland, et mondialement connu pour son rôle de chasseur de crocodiles dans son émission télé, *The Crocodile Hunter*. Trompe-la-mort ayant toute sa vie joué avec les crocs de sauriens de toutes sortes, il succombe, pendant une innocente

103

baignade, à une… raie pastenague (laquelle espèce de raie n'a certes pas de dents, mais un dard vénéneux de plus de vingt centimètres, ah oui quand même…).

Carradine (David, 1936-2009)
Entre autres rôles d'une carrière bien remplie, David Carradine fut le moine "Petit Scarabée" dans le feuilleton culte des années 1970 *Kung Fu* et, plus tard, le cruel Bill du diptyque *Kill Bill*, de Quentin Tarentino. En 2009, l'acteur américain est en Thaïlande pour le tournage de *Stretch*, un film français depuis tombé dans l'oubli. Le soir du 3 juin, l'équipe l'attend pour aller dîner, en vain. Carradine reste cloîtré dans sa chambre d'hôtel. Et pour cause : une femme de ménage le découvrira le lendemain matin, étranglé, dans une position un brin scabreuse : entièrement nu, il est assis dans le placard de sa chambre, une corde de draps enroulée autour du cou et… du sexe. Le tout attaché à la penderie. Après avoir un temps envisagé la thèse du suicide (!!!), l'enquête a fini par conclure à un « accident autoérotique ».

Mitchell (Taylor, 1990-2009)
Chanteuse country-folk canadienne prometteuse (elle venait de sortir un album encensé par la critique), Mitchell meurt après avoir été attaquée par deux coyotes, dans un parc national de Nouvelle-Écosse. Avec Kelly Lynn Keen (une fillette américaine de trois ans) en 1981,

c'est la seule attaque mortelle connue de ces animaux, plutôt pacifiques. Depuis, les experts animaliers ont tout de même réévalué le risque lié à ces sympathiques canidés ; la campagne/*country* n'ayant pas que du bon...

Baricevic (Sacha, ?-2010)
Le docteur Baricevic, médecin irréprochable de la bonne société slovène, propriétaire d'une clinique huppée de la capitale, est retrouvé, un jour de 2010, le corps affreusement déchiqueté. Dévoré par ses trois chiens bullmastiffs, auxquels il faisait subir des sévices sexuels depuis des années... Selon les sources policières, à l'arrivée des secours, le médecin, un transsexuel opéré, était entièrement nu et affublé d'un godemiché. Les chiens ont fini par perdre patience... Une affaire scabreuse qui a longtemps embarrassé les autorités de Ljubljana, liés d'une manière ou d'une autre au sulfureux docteur.

Edwards (Mike, 1948-2010)
Mike Edwards, musicien un temps violoncelliste au sein du groupe rock Electric Light Orchestra (de 1972 à 1975), meurt après une collision entre sa voiture et... une balle de foin qui dévalait de la colline. Le chargement en folie est rentré net en collision avec le van d'Edwards, et celui est mort sur le coup. Ben oui, 600 kg de paille, c'est toujours 600 kg...

Dupont de Ligonnès (Xavier, 1961-2011)
Voir Bierce (Ambrose).

Yelchin (Anton, 1989-2016)
Acteur américain d'origine russe révélé dans la trilogie *Star Strek*, il décède mystérieusement, écrasé par sa propre voiture dont il était pourtant descendu. L'enquête révélera que le véhicule, un modèle de Jeep Grand Cherokee, avait déjà été « rappelé » en masse (800 000 exemplaires, tout de même), suite à des problèmes récurrents de boîte de vitesse. Même en mode stationnement, certaines de ces automobiles étaient capables de démarrer d'elle-même, intempestivement...

Cognito (Ian, 1958-2019)
L'humoriste Paul John Barbieri, aka Ian Cognito, meurt sur scène d'une attaque, alors même qu'il était en train de jouer un sketch sur le thème de... la crise cardiaque. Après s'être exclamé « Imaginez, j'ai une attaque et je parle le gallois au réveil... » (allusion ironique, peut-être, au sort du comique gallois Tommy Cooper, voir *infra*), il s'effondre... Le public, croyant assister à une simulation humoristique, rit aux éclats pendant de longues minutes. Jusqu'à ce qu'un assistant fasse irruption sur la scène et vienne constater que le comédien ne respire plus – victime d'une « dissection aortique ».

Hughes (Mike, 1956-2020)
Ce cascadeur de 64 ans, adepte de diverses théories

complotistes typiquement américaines, meurt dans le crash de sa fusée artisanale à vapeur, victime d'un système de parachutage défectueux. Et même si quatre ans plus tôt, pour un autre essai (financé par la Flat Earth Society), Hughes avait annoncé vouloir prouver que la Terre était plate, la presse scientifique rapporta que le fatal essai n'était en fait mû que par sa seule passion des fusées. Mouais, c'est vrai que l'anecdote était gênante pour un type qui briguait le poste gouverneur de Californie...

Adams (Jean-Pierre, 1948-2021)
Ancien défenseur international français, charnière black de l'équipe de France de football avec Marius Trésor, Adams est décédé le 6 septembre 2021, à l'âge de 73 ans. Jusqu'ici, rien de bien anormal. Oui, mais celui-ci était dans le coma depuis... 1982 – suite à une erreur d'anesthésie lors d'une opération bénigne du genou... D'une certaine manière, on peut dire que Jean-Pierre Adams est mort (près de) quarante ans après son décès.

Hutchins (Halyna, 1979-2021)   Voir Lee (Brandon).

Bogdanoff (Igor, 1949-2021 & Grichka, 1949-2022)
Nos frères Bogdanoff nationaux n'ont aucun lien de parenté avec le Bogdanov traité plus haut, et ceci, malgré une fin relevant, pour eux aussi, de « l'erreur de diagnostic ». En effet, malgré leur âge assez avancé, une maladie génétique commune – l'acromégalie –, et un

système immunitaire affaibli, ils décident, en pleine épidémie de Covid, de se passer du vaccin... Ils décéderont tous deux victimes du virus, à six jours d'intervalle, scientifiques ayant un peu trop écouté les sirènes de leur foi en eux-mêmes.

Teulé (Jean, 1953-2022)
Le compagnon de l'actrice Miou-Miou aurait succombé à un arrêt cardiaque – à Paris, à la suite d'une intoxication alimentaire. Cela se passait le 18 octobre 2022, après un repas dans un restaurant du Marais, gargote spécialisée dans la nourriture crue... Crue comme l'écriture si particulière de cet auteur si particulier, homme de lettres qui ne se prenait pas au sérieux, devenu populaire sur le tard et auteur de best-sellers historiques (une gageure : tout est vrai dans ses histoires drôlissimes). Selon votre serviteur, avec *Crénom Baudelaire !* et *Charly 9*, son meilleur est... *Mangez-le si vous voulez* – si, si !!! (Cf. l'entrée : De Monéys).

Nargeolet (Paul-Henri, 1946-2023)
Le 18 juin 2023, ce plongeur et chercheur sous-marin meurt dans l'implosion de son submersible, le *Titan*. « Submersible » en effet, c'est le bon terme... Et en plus, le *Titan* était parti en expédition en vue d'une exploration de l'épave du... *Titanic*, les recherches concernant le célèbre paquebot échoué en 1912 étant une

spécialité de Nargeolet. Quand tragique, dérisoire et humour voguent main dans la main.

<u>Sasaki</u> (Ayres, 1989-2024) : Le Molière du rock (II)
Alors qu'il donne un concert au Solar Hotel de Salinopolis (Brésil), le chanteur variéto-salsa-rock Ayres Sasaki perd la vie, devant son public. Plusieurs médias rapportent qu'à un moment l'artiste a pris dans ses bras un fan, lequel fan a provoqué une décharge électrique dans un câble à proximité, et ainsi, par contact, électrocuté l'artiste… Est-ce qu'il pleuvait ce jour-là ? Même pas, il semblerait juste que le spectateur en question était, pour une raison inconnue, tout simplement… mouillé. En larmes ? En sueur ? – on ne sait trop. Un bon conducteur humain en tout cas.

Bonus : inconnus & anonymes

<u>1982</u>
En ce beau jour d'été, David Grundman a décidé de partir pour une virée dans le désert, à la sortie de Phoenix, Arizona. S'amusant à tirer sur un cactus géant, le Saguaro, un monstre de près de huit mètres de hauteur, Grundman passe un bon moment. Oui, mais voilà : ses coups de feu font se détacher une partie du cactus qui lui tombe dessus… Et il meurt, écrasé et en partie empalé par les épines géantes de la plante. Cette mésaventure inspirera le groupe texan Austin Lounge Lizards pour sa chanson « Saguaro », de 1984 : un hommage au pauvre Grundman... et au vindicatif cactus.

<u>1988</u>
Membre de l'équipage d'un Boeing 737, une certaine Clarabelle Lansing est aspirée et éjectée en plein vol, au-dessus d'Hawaï. Elle disparaît littéralement dans le ciel, après qu'une décompression explosive ait déchiré une partie du toit de l'avion. Son corps n'a jamais été retrouvé, l'enquête ayant elle tout juste réussi à prouver

que la catastrophe serait due à un problème de corrosion dans le fuselage de l'avion...

1992

Ce 21 décembre, Ken Barger, un américain de 47 ans, se tue après que son téléphone l'ait réveillé à son domicile de Newton, Caroline du Nord. Pensant attraper le combiné, il empoigne en fait son Smith & Wesson 38 Spécial... et se tire une balle dans l'oreille. De l'inconvénient des armes en vente libre et des sonneries intempestives au beau milieu de la nuit.

1995

Oyez, oyez la geste de cet intrépide braconnier de la région de Saragosse ! Notre homme a repéré un superbe cerf, sur un rocher en surplomb... Pan dans le mille, le malheureux cervidé est touché ; il s'écroule, tombe et écrase le brave Marino Malerba (c'est son nom), lequel n'a pas eu le temps de s'écarter. Fin de l'histoire.

1999

Elyria (Ohio, Usa) : essayant de nettoyer les toiles d'araignées qui envahissent sa cave, un certain Mr. Eskins refuse d'utiliser un balai et opte plutôt pour une technique de son crû : l'enfumage. À l'aide d'une torche, certes les toiles seront détruites, mais un incendie se propage alors rapidement, détruisant totalement la maison. On ne sait si les arachnides du sous-sol ont eu le temps de déguerpir...

1999
Betty Stobbs, une fermière anglaise de 67 ans originaire de Durham, fit un jour la désagréable expérience d'être attaquée par des moutons. Allant elle-même nourrir ses propres bêtes, il semblerait que les quadrupèdes aient été rendus fous par le vélo électrique flambant neuf de Betty. Tombée d'une falaise de trente mètres mais miraculeusement indemne, elle succombera à la chute de son cher vélo – qui l'avait suivi – et qui l'écrasa de tout son poids.

2000
A Camerata Nuova, petit village italien du Latium, la reconstitution du chemin de croix est une véritable institution. Le jeune Renato Di Paolo, apprenti comédien, tient absolument à participer aux festivités et propose donc ses services… Mal lui en prend : il se pend la veille de Pâques avec des cordages défectueux, en pleine répétition du rôle de… Judas. Ça, c'est ce qu'on appelle vivre son rôle au plus près de la vérité historique.

2001
Un certain Bernd Jürgen Brandes est tué, puis mangé – « de manière consentante » (par un autre « certain », du nom de Armin Meiwes). Avant le meurtre, les deux hommes avaient eu des rapports sexuels – suite à une annonce de Meiwes où il déclarait chercher un

volontaire désirant être mangé. Les deux ont, semble-t-il, été comblés.

2007

Jennifer Strange, jeune femme de 28 ans habitant Sacramento, en Californie, décède des suites d'une intoxication à… l'eau. Concours au slogan douteux (« Hold your wee for a wii » – « Retiens ton pipi pour une Wii ») d'un jeu organisé dans le but de gagner une console Nintendo Wii, le « but » consistait de boire jusqu'à plus soif, et ce jusqu'à ce qu'il ne reste plus que le vainqueur. Jennifer termina finalement en seconde position, empocha son prix de consolation (deux malheureux tickets de concert), rentra chez elle, appela son employeur pour prévenir qu'elle ne sentait pas très bien et prenait un jour de congé, puis se dirigea vers sa salle de bains – où elle fut retrouvée morte. Elle avait ingurgité près de huit litres d'eau en moins de trois heures. *Very Strange, indeed,* cette Jennifer... Aux dernières nouvelles, la gagnante – elle – se porte bien, merci.

2008

Adelir Antônio de Carli, prêtre brésilien, meurt assis sur une chaise attachée à mille ballons gonflés à l'hélium, dans un projet en forme de show visant à récolter de l'argent pour une œuvre de bienfaisance. Parachutiste pourtant expérimenté, à plusieurs centaines de mètres d'altitude il demande – un peu tard – qu'on lui apprenne à utiliser son... GPS. Son corps n'a été retrouvé que deux mois plus tard, loin, loin, très loin...

2008

Gerald Mellin, un homme d'affaires britannique, déprimé et amer depuis qu'il est en instance de divorce, a fomenté sa vengeance. Après avoir cumulé dettes et annulé son assurance-vie, il monte dans sa superbe Aston Martin, se noue le cou au bout d'une corde reliée à un arbre – et démarre. Le tour est joué : l'épouse n'héritera de rien, et bien sûr ne touchera pas non plus de pension alimentaire. Un témoin de la scène finale déclarera avoir été particulièrement étonné quand il vit passer le bolide, lentement, avec un chauffeur sans tête... Une auto-décapitation en quelque sorte.

2009

Un certain Vladimir Likhonos trouve la mort en mâchant un chewing-gum... En effet, cet étudiant en chimie ukrainien de 25 ans avait pris l'habitude de tremper ces « pâtes à mâcher » favorites dans de l'acide citrique, pour en rehausser le goût. Il aurait alors confondu le liquide avec une autre substance, bien moins inoffensive celle-là. Le chewing-gum a explosé, lui pulvérisant la mâchoire et le tuant sur le coup... Quand on vous dit que ces choses-là sont mauvaises pour votre dentition !

2011
En Californie, un sieur José Luis Ochoa meurt poignardé par... un poulet. En effet, durant un combat de coqs, un des gallinacés s'est rebiffé, a foncé sur lui et lui a infligé de graves blessures. Bah oui, mais faut dire que la coutume locale veut que l'on attache des lames acérées aux pattes de ces volatiles, volatiles pourtant généralement pacifiques... Transporté à l'hôpital, le sieur Ochoa y décède deux heures plus tard. *¡ Ay, si que lastima José Luis !*... Mais, depuis longtemps condamné pour organisation illégale de combats de coqs, tu avais déjà été prévenu !

2012
Edward Archbold, américain de 32 ans, meurt, après avoir remporté un concours de mangeurs de cafards et de vers. En ayant avalé plus d'une douzaine, il est pris de vomissements et d'urgence transporté à l'hôpital, où il est déclaré mort. Le trépas résulterait d'une « asphyxie due à un étouffement » causé par les parties du corps des arthropodes, lesquels ont bloqué les voies respiratoires de l'impétrant... Petit glouton, va.

2012
Un sieur Gary Banning boit de l'essence par inadvertance. Surpris par le goût, il recrache le liquide, dont quelques gouttes retombent sur ses vêtements. Sur ces

entrefaites, l'homme a l'irrépressible envie de s'en griller une... Il se grille en effet et part, tout feu tout flamme.

2013
Juillet 2013 : le brésilien João Maria de Sousa meurt, écrasé par une vache pendant son sommeil (le sien, pas celui de l'animal). La bête, d'une tonne, qui broutait de l'herbe sur le flanc de la colline, est passé à travers le toit de la chambre. De l'inconvénient des maisons construites sur une pente.

2013
Roman Pirozek, un américain passionné de pilotage radiocommandé meurt percuté et partiellement décapité par son hélicoptère, dans un parc de Brooklyn bondé. Joujou nocif, après avoir heurté sa tête, les hélices de l'engin ont fait office de boomerang et lui ont coupé le dessus du crâne... Scalpé par un létal retour à l'envoyeur.

2014
Nigel Willis, Britannique de 50 ans, succombe après être resté cinq jours... avec un vibromasseur coincé dans le rectum. Devenu de plus en plus faible, jusqu'au point d'être incapable de bouger de son canapé, n'osant pas consulter un médecin, il raconte finalement son histoire à un ami, lequel appelle les secours. Il meurt après un mois de soins intensifs, victime d'une perforation de l'intestin ayant dégénéré en septicémie. Aïe, ouille...

2014
Préparant une soupe de serpent, Peng Fan, un chef cuisinier de Foshan (Chine), est mordu par un cobra... qu'il avait pourtant décapité vingt minutes plus tôt. Le cuisinier va succomber, asphyxié par le venin qui a paralysé ses fonctions respiratoires. Une vengeance post-mortem ? Non, car « un serpent garde ses fonctions-réflexes jusqu'à une heure après sa mort, décapitation ou pas » nous explique Yang Hong-chang, expert es-cobras qui a travaillé pendant plus de vingt ans sur ces reptiles (délicieux mets pour les papilles asiates au demeurant)...

2014
Un jeune Mexicain nommé Oscar Aguilar meurt, après s'être accidentellement tiré une balle dans la tête. Il voulait simplement se faire un selfie, une arme à la main – selfie qu'il comptait ensuite publier sur Facebook. Du danger du narcissisme, des réseaux sociaux et de l'imprudence en général (l'arme était bien sûr chargée).

2015
À l'occasion de la fête nationale, un américain de 22 ans décide d'allumer une énième fusée de feu d'artifice – sur son crâne. Bah oui, pourquoi pas après tout, c'est la fête... Tout à sa joie, aux litres d'alcool qu'il a ingurgité et à sa toute récente de demande en mariage avec sa petite amie, Devon Staples meurt instantanément, le 4 juillet 2015... Tout juste étonné pendant un bref instant.

Et...

La saucisse homicide
Robert Puelo, 32 ans, tente de subtiliser un hot-dog sur un marché de St. Louis, Usa... Poursuivi, il s'empresse au plus vite d'avaler la saucisse, commence à donner des signes de malaise – et meurt étouffé. Le SAMU local n'a pas pu réanimer le voleur glouton, mais a tout de même réussi à extirper de sa gorge les 15 centimètres de barbaque qui l'ont étouffé.

Un moment d'inattention
Un certain Paul Stiller a passé l'arme à gauche, à Andover Township (Usa), d'une explosion dans sa voiture. Problème de conception du véhicule ? Que nenni, en fait s'ennuyant ferme à deux heures du matin, lui et sa femme décidèrent de faire un feu de joie avec un (vrai) bâton de dynamite, qu'ils jetèrent par la fenêtre de leur véhicule. Le hic, c'est qu'ils ne s'étaient pas rendu compte que les vitres étaient restées fermées... Une histoire édifiante de bêtise – et la preuve que dans la vie on peut s'ennuyer à (en) mourir.

Le malfrat susceptible
Les réseaux sociaux bruissent depuis des années de cette anecdote : un certain Mummod Foli, jeune barman de 22

ans, fut un jour abattu pour avoir débarrassé trop rapidement le verre d'un consommateur. Celui-ci – gangster de profession – en était tellement irrité qu'il obligea en plus le barman à avaler vingt-sept litres d'une célèbre boisson gazeuse américaine… Apocryphe ou pas, gageons que ce... gage imposé aurait pu tout aussi bien lui être fatal – et que le gangster psychopathe n'aurait pas départi d'un film de Martin Scorsese !

Le coup du spray
Caroline du Sud, 2009 : un malfrat qui était en train de braquer un magasin meurt étouffé après s'être peint la figure de peinture spray, afin que personne ne le reconnaisse. Comme quoi, il faut toujours lire la notice d'un produit avant utilisation...

Sans les mains !
1987 : en Caroline du Nord, un photographe-parachutiste a pour mission de prendre des clichés de ses collègues lors de sauts en chute libre. Seul problème : il oublie de mettre son propre parachute. Il en meurt – tête en l'air à plus d'un titre...

Tué par son manque logique
Afin de s'assurer qu'un réservoir qu'il inspecte ne contient pas de produits inflammables, un homme s'éclaire à l'aide de son... briquet. Résultat : y'en avait.

Mort à cause d'un chien bien dressé
Alaska : un homme lance un bâton de dynamite sur la banquise pour s'amuser (car oui, la dynamite qui explose, c'est très drôle)... Malheureusement, son chien a le réflexe naturel de le lui ramener en courant. On ne sait ce qu'est devenu le canidé, mais pour le type...

Une bouche d'égout-ante
À Detroit, alors qu'un homme tente de rattraper ses clés de voiture, sa tête reste bloquée dans une bouche d'égout (où sont tombées icelles). Il se noie dans une remontée d'eau... Beeeuurrk !

L'arroseur/exploseur arrosé/explosé
Un homme poste un petit colis piégé mais oublie de l'affranchir. Il ouvre alors le contenant – lequel lui a été retourné par les services locaux. Car oui, en plus le type avait mis son nom au dos de l'envoi, si, si...

Le Kevlar, c'est fantastique
Un officier de police poignarde à mort son collègue : celui-ci voulait lui démontrer que sa veste en Kevlar résisterait à tous coups de couteaux.

De l'utilité du sport
Un agent de change de San Francisco, qui d'après sa femme arrivait « à faire le vide total » dans sa tête quand il courait, s'est tué. Il est tombé dans un ravin qui, aux

dires de tous, était extrêmement bien balisé – prouvant ainsi qu'il disait bien la vérité à son épouse...

Un génie du bricolage

Un braconnier polonais pêche en électrocutant les poissons à l'aide d'un câble. Il glisse, tombe à l'eau, touche le dispositif létal et subit le même sort que ses proies.

Le soutien-gorge tueur

À Philipsburg (Montana, Usa), un homme décède lamentablement dans un go-go bar. Il s'est étouffé avec un soutien-gorge pailleté retiré avec les dents, celui d'une strip-teaseuse qu'il a avalé (le soutien-gorge, pas la strip-teaseuse) – par inadvertance et excès d'excitation.

La vache vengeresse

Un employé d'une laiterie ayant entendu dire que les flatulences bovines étaient en grande partie composées de méthane, et donc potentiellement explosives, décide de mettre la théorie en pratique. Au moment où l'homme craque l'allumette, un appel d'air aspire la flamme dans les entrailles de l'animal. La pauvre bête explose mais tue aussi l'employé, heurté par un fémur expulsé à pleine vitesse...

Une fin... sordide

Un étudiant de 21 ans complètement alcoolisé trouve le moyen de s'endormir dans un container. Le passage des éboueurs ne le réveille pas, et il finit haché menu dans la benne.

Strasbourg, une ville qui savait s'amuser
Plusieurs manifestations de « manie dansante » ont existé au cours du Moyen Âge, en particulier à Erfurt (1237) ou Aix-la-Chapelle (1417). Celle de Strasbourg, en 1518, est restée dans les mémoires : près de 400 personnes y dansèrent continuellement, pendant plus d'un mois ; beaucoup d'entre elles décédant de crise cardiaque, d'AVC ou tout simplement d'épuisement. La crise s'arrêta subitement, comme elle avait commencé – danse de St-Guy en forme de rave party avant la lettre.

Trou de balle : un cas rentré dans les annales
La revue scientifique *American Journal of Forensic Medicine and Pathology* a un jour rapporté le suicide d'un homme par tir de pistolet dans le... fondement.

Condamné à mourir(e)
En 1938, un condamné à mort attendant l'application de sa sentence dans une prison de Mexico voit arriver dans sa cellule un magistrat venu lui annoncer... sa grâce. Fou de joie, il meurt d'une embolie zygomatique.

Le faux vampire
Un étudiant se déguise en Dracula pour Halloween. Il prévoit de glisser une planche de pin sous son t-shirt, pour y planter un couteau, dans un effet gore. La planche

se brise net lorsqu'il enfonce le couteau avec un marteau – et le couteau se plante direct dans le cœur.

Le foot, un sport dangereux
Lors d'un match de football entre les équipes de Bena Tshadi et Basangana (R. D. du Congo), la foudre s'abat sur le terrain. Tous les joueurs de l'équipe de Bena Tshadi sont tués, aucun du côté de l'équipe adverse. Pourquoi ? Le choix de crampons moulés, plutôt que vissés, a sauvé la vie des joueurs de Basangana.

Le kart laïcard
En Australie, une femme de confession musulmane est décédée d'une « asphyxie due à un étouffement ». Sa burqa s'est prise dans la roue du kart qu'elle pilotait.

Le python aux problèmes digestifs
En Indonésie, sur l'île de Célèbes, un villageois porté disparu depuis plusieurs jours est retrouvé mort – mais entier – dans le ventre d'un python de... 7m54.

Le Covid avant la lettre
Une Taïwanaise de 45 ans est morte d'une overdose… d'alcool. Elle avait passé douze heures dans une baignoire remplie d'éthanol à 40 %, pour se protéger d'une épidémie de SARS-CoV.

INDEX

Abacha (Sani) 100

Abbott (Darrell 'Dimebag') 102

Absalom 11

Adams (Jean-Pierre) 107

Adolphe-Frédéric de Suède 43

Adrien IV 26

Al-Jâhiz 24

Alexandre Ier de Grèce 63

Alexandre VI 31

Alexandrov (Vladimir) 95

Alkan (Charles) 53

Anacréon 14

Anderson (Sherwood) 71

Antoine de Bourbon 33

Apicius 18

Arrhichion de Phigalie 12

Attila 20

Bacon (Francis) 37

Barberousse (Frédéric) 26

Baricevic (Sacha) 105

Barthes (Roland) 90

Bators (Stiv) 96

Bentzen (Ole) 96

Berteaux (Maurice) 58

Bichat (Xavier) 47

Bierce (Ambrose) 59

Bode (Vaughn) 85

Bogdanoff (Grichka) 107

Bogdanoff (Igor) 107

Bogdanov (Alexandre) 66

Bonham (John) 90

Boole (George) 49

Brahé (Tycho) 36

Bristow (Chris) 77

Brunehaut 23

Buckley (Jeff) 99

Buckley (Tim) 85

Bullock (William) 50

Burrus (Joseph) 97

Byers (Eben) 68

Cardan (Jérôme) 34

Carette (Julien) 78

Carradine (David) 104

Chapelain (Jean) 39

Chapman (Raymond) 62

Charles VIII 31

Charles-Louis de Habsbourg 54

Charondas 13

Chrysippe 16

Chubbuck (Christine) 83

Clarence (George, duc de) 29

Claudius Drusus 18

Cognito (Ian) 106

Converse (Connie) 82

Cook (James) 44

Cooper (Tommy) 94

Crash (Darby) 91

Crassus 17

Cravan (Arthur) 61

Curnonsky 75

Daghlian (Harry K.) 72

Daniel (Jack) 58

Daniélou (Jean) 82

Daragon (Jean) 63

De Dieuleveult (Philippe) 95

De Monéys (Alain) 51

Dean (James) 74

Denis le bourreau 29

Diogène Laërce 19

Dracon 12

Du Guesclin (Bertrand) 28

Ducuing (Jean) 101

Dumont d'Urville (Jules) 48

Duncan (Isadora) 65

Dupont de Ligonnès (Xavier) 106

Durruti (Buenaventura) 69

Eberhardt (Isabelle) 57

Edwards (Mike) 105

Edwards (Richey) 99

Enguerrand III de Coucy 27

Eschyle 14

Escobar (Andres) 99

Étienne II 23

Euripide 15

Faure (Félix) 55

Féraud (Jean-Bertrand) 46

Fernandes (Luciano) 78

Ferret (Auguste) 54

Flynn (Sean) 80

François (Claude) 88
François-Ferdinand d'Autriche 60
Franklin (Rosalind) 75
Gaudi (Antoni) 64
Gaye (Marvin) 94
Gilbert (Nicolas) 44
Gödel (Kurt) 87
Godwin (Michael) 96
Goscinny (René) 87
Gossin (Pierre François) 45
Grimod de la Reynière (Balthazar) 47
Guidi (Charles) 41
Guillemain (Louis-Gabriel) 43
Gunther (Henry) 62
Harlay de Champvallon (François de) 40
Hart (Owen) 100
Harvey (Les) 81
Hayes (Frank) 64
Hendrix (Jimi) 80
Henri II 33
Héraclite 13
Hexum (Jon-Erik) 95
Houdini (Harry) 64
Hoy (Gary) 98

Hughes (Mike) 106

Humayun 32

Hutchins (Halyna) 107

Irwin (Steve) 103

Jean XXI 27

Johnson (Oliver) 101

Johnson (Robert) 70

Jones (Brian) 79

Kahn (Alain) 96

Kath (Terry) 88

Keen (Kelly Lynn) 93

Koenecke (Len) 68

L'Arétin 32

Lee (Brandon) 97

Lennon (John) 91

Lenôtre (Charles) 52

Leszczynski (Stanislas) 42

Lorthiois (Pierre) 57

Louis de Bourbon 37

Louis III de France 24

Lully (Jean-Baptiste) 40

Mama Cass 84

Mansfield (Jayne) 78

Marley (Bob) 92

Marriott (Steve) 97

Mars (Mlle) 48

Martin Ier d'Aragon 28

Maximilien Ier de Habsbourg 32

Midgley (Thomas) 72

Milon de Crotone 12

Mineo (Sal) 85

Mishima (Yiukio) 80

Mitchell (Taylor) 104

Mithridate 16

Mitsugoro VIII 84

Moon (Keith) 89

Morrison (Jim) 80

Nandabayin 35

Nargeolet (Paul-Henri) 108

Nerval (Gérard de) 49

Nikaidoh (Hitoshi) 102

Parker (Janet) 89

Parry-Thomas (John) 65

Pascin (Jules) 66

Pastorius (Jaco) 95

Patton (George) 73

Paul II 29

Pauwels (Amédée) 53

Philippe de France 25

Pichler (Joe) 103

Pinkerton (Allan) 52

Pinyan (Kenneth) 103

Pline l'Ancien 19

Poe (Edgar Allan) 49

Porcie 18

Presley (Elvis) 86

Pryce (Tom) 86

Pyrrhus 15

Raspoutine 61

Reichelt (Franz) 59

Relf (Keith) 85

Richmann (Georg-Wilhelm) 41

Rockefeller (Michael) 77

Rostill (John) 82

Saint Macaire 20

Sainte Thérèse d'Avila 35

Sanjurjo (José) 69

Sanson (Gabriel) 45

Santeuil (Jean-Baptiste) 41

Sari (Sirkka) 71

Sasaki (Ayres) 109

Scarron (Paul) 38

Scott (Bon) 90

Semmelweis (Ignace) 50

St-Exupéry (Antoine de) 72

Stacey (Alan) 77

Staline 73

Steininger (Hans) 34

Sumner (Richard) 102

Teulé (Jean) 108

Theinhko 25

Toussaint (Edmond) 67

Trébuchon (Augustin) 61

Urada (Kenji) 92

Urquhart (Thomas) 38

Vallandigham (Clement) 52

Valyi (Peter) 82

Vatel (François) 39

Verhaeren (Émile) 60

Vian (Boris) 76

Vollmer (Joan) 73

Vrignault (Teddy) 94

Warren (Leonard) 77

Wells (Brian) 101

Wertheim (Richard) 93

Williams (Robert) 89

Williams (Tennessee) 93

Wood (Natalie) 93

Woollcott (Alexander) 71

Yelchin (Anton) 106

Zaleucos 11

Zeuxis 15

Du même auteur

« Paysages/Visages/Voyages : Un tour du monde en 100 photos »
(Ed. BoD – 2012&2021 / ISBN 9-782322-409068)

- « Un air de famille - 500 célébrités qui se ressemblent »   (Ed. BoD – 2012)

- « Le Père-Lachaise, un cimetière bien vivant »   (Ed. BoD – 2013&2021 / ISBN 9-782322-216734)

- « Ils ont dit... »   (Ed. BoD – 2013)

- « Aphorismes, paradoxes et autres billevesées »   (Ed. BoD – 2014 / ISBN 9-782322-185276)

- « Sentences sans queue ni tête (La beauté du non-sens) »
(Ed. BoD – 2014 / ISBN 9-782322-193134)

- « Qui est qui ? - Dictionnaire de pseudonymes »   (Ed. BoD – 2014 / ISBN 9-782322-205240)

- « Dictionnaire de la guerre civile espagnole et de ses prémices 1930-1939 »
(Ed. BoD – 2015 / ISBN 9-782322-193219)

- « Absurdomanies... »   (Ed. Bookelis – 2015)

- « Les fins mots de la fin »   (Ed. BoD – 2016 / ISBN 9-782322-201709)

- « Aphorismes, paradoxes et autres calembredaines »   (Ed. BoD – 2017 / ISBN 9-782322-224333)

- « Last words, last words... out ! »
(Ed. Bookelis – 2017 & Ed. BoD 2017 / ISBN Ebook 9-782322-210183)

- « Mon Paris insolite »   (Ed. BoD – 2018 / ISBN 9-782322-115297)

- « Apprenez l'anglais entre faux-amis »
(Ed. BoD – 2019 / ISBN Ebook 9-782322-238712)

- « Une année de hasards exquis et de cadavres objectifs »
(Ed. BoD – 2019 / ISBN 9-782322-209972)

- « Aphorismes, paradoxes et autres carabistouilles »
(Ed. BoD – 2020 / ISBN 9-782322-255986)

- « Mon Paris insolite (et illustré) »
(Ed. BoD – 2020&2022 / ISBN 9-782322-423439)

- « Dictionnaire des rues de Paris » (Ed. BoD – 2020 / ISBN 9-782322-260027)

- « Aphorismes, paradoxes et autres fariboles »
(Ed. BoD – 2021 / ISBN 9-782322-394845)

- « Dark Syd of the Floyd (Les deux vies de Roger K. Barrett) »
(Ed. BoD – 2021 / ISBN 9-782322-396061)

- « Communes de France aux noms insolites »
(Ed. BoD – 2021 / ISBN 9-782322-412884)

- « Photomontages I » (Ed. BoD – 2022 / ISBN 9-782322-411405)

- « Une banale histoire d'amour du temps jadis »
(Ed. BoD – 2022 / ISBN 9-782322-393398)

« Aphorismes, paradoxes et autres fumisteries »
(Ed. BoD – 2022 / ISBN 9-782322-393312)

- « 500 celebrities who look alike (A family resemblance) » (Ed. BoD – 2022 / ISBN 9-782322-411658)

- « Gargouilles et marmousets dans la sculpture médiévale »
(Ed. Bookelis – 2018 & BoD – 2022 / ISBN 9-782322-432394)

- « Je suis un être délicat » (Ed. BoD – 2023 / ISBN 9-782322-454839)

- « Photomontages II » (Ed. BoD – 2023 / ISBN 9-782322-130979)

« Aphorismes, paradoxes et autres niaiseries »
(Ed. BoD – 2023 / ISBN 9-782322-472666)

« Sweat oozed from cross held high in hand »
(Ed. BoD – 2023 / ISBN 9-782322-471492)

- « Villages de France » (Ed. Bookelis – 2016 & BoD – 2023 / ISBN 9-782322-480302)

- «Petit lexique futile mais nécessaire à l'usage des philosophes et des demeurés »
(Ed. BoD – 2024 / ISBN 9-782322-519187)

© MiguelSydRuiz – Septembre 2024
www.miguelsydruiz.jimdo.com
www.bod.fr

© Miguel S. Ruiz, 2024
Édition : BoD • Books on Demand GmbH, In de Tarpen 42, 22848 Norderstedt (Allemagne)
Impression : Libri Plureos GmbH, Friedensallee 273, 22763 Hamburg (Allemagne)
ISBN : 978-2-3225-2453-2
Dépôt légal : Septembre 2024

© *MiguelSydRuiz — Septembre 2024*
www.miguelsydruiz.jimdo.com
www.bod.fr